AF252221

La Guerre possible

Par UN DIPLOMATE

PRÉFACE

DU

Commandant DRIANT

« Des deux côtés de la frontière, les foyers des arsenaux rougeolent jour et nuit, achèvent l'outillage de la guerre imminente, inévitable. »

PARIS ○○○○○○○○○○
LIBRAIRIE ILLUSTRÉE
TALLANDIER, ÉDITEUR.
RUE SAINT-JOSEPH ○○○○

La

Guerre possible

La Guerre possible

PAR

UN DIPLOMATE

PRÉFACE

du Commandant DRIANT

> *Pourquoi l'Allemagne veut-elle la guerre? — La guerre sera brusquée, rapide. — L'ordre de mobilisation. — La préparation à la guerre en Allemagne. — La violation de la neutralité de la Belgique. — Le nerf de la guerre. — Le bilan des probabilités.*

PARIS

Librairie Illustrée, Jules TALLANDIER, Éditeur
8, RUE SAINT-JOSEPH, 8

PRÉFACE

Mon cher Diplomate,

Voilà une étude qui arrive à point et un livre qui répond bien à la question angoissante de l'heure présente :

LA GUERRE POSSIBLE !

Oui, il y a dans l'air un malaise indéfinissable et ce malaise va croître lentement, sourdement.

Les regards de tant de Français qui se portaient vers la légitime conception d'une société refaite avec plus de justice, qui s'égaraient même vers les nuageuses visions d'un pays cachant la déchirure de sa frontière sous un rameau d'olivier, ces regards-là vont se reporter vers le rempart de poitrines qui seul peut sauvegarder l'intégrité de notre sol.

Ces Français-là vous liront, mon cher Diplomate, et, en fermant le livre, ils se diront qu'avant de faire des embellissements à la maison nationale, il faut avant tout l'empêcher de flamber.

Primò vivere !

Ce sera la revanche de l'armée.

En montrant avec une clarté qui n'exclut pas le luxe des détails techniques et des chiffres néces-

saires, la situation des deux peuples en présence, vous aurez rendu un vrai service à ceux de nos compatriotes à qui on n'impose pas une opinion toute faite et qui demandent seulement pour la forger eux-mêmes, qu'on leur mette sous les yeux toutes les données du problème.

Vous leur avez donc parlé des forces militaires de la France et de l'Allemagne, en les comptant, en les soupesant, d'après les données les plus récentes et les plus sûres, en invoquant les opinions les plus autorisées, comme celle du Général Langlois, notre Grand Maître actuel en matière de tactique.

Vous avez fait entrer en ligne de compte dans cet exposé si méthodique et si complet, non seulement les alliances probables, mais encore cet élément de plus en plus envahissant de la guerre moderne, l'élément financier.

Et vous avez terminé comme je le faisais moi-même il y a vingt ans, quand j'écrivais la Guerre de demain, par ce mot de confiance qui était alors notre cri de ralliement à tous.

A cette époque-là, il vous en souvient, l'affaire Schnœbelé avait, comme aujourd'hui celle du Maroc, fait tressaillir tous les Français.

Les bruits de guerre eurent même plus de consistance alors, que ceux dont le pays est traversé aujourd'hui à la façon de ces éclairs qui jaillissent de loin en loin sans bruit dans un ciel lourd ; c'était un véritable orage qui montait à l'horizon en 1886, et je ne puis me souvenir, sans émotion, de ces nuits blanches passées au Ministère auprès du Général

Boulanger, dont les doigts avaient un impercep-
tible tressaillement quand ils ouvraient une dé-
pêche venant de Nancy.

Mais à cette heure-là, le mot de confiance était
sur toutes les lèvres et dans tous les cœurs. Je les
ai entendus, tous ces braves gens, criant au chef de
l'armée de tous les coins du pays : « Qu'ils viennent
donc ! » Je l'ai connue cette armée, unie, confiante,
enthousiaste, et mon impression d'alors était restée
si profonde que, pendant dix-huit ans, je continuai
à jeter aux Français qui me lisaient et aux soldats
que j'instruisais le sursum corda de ma jeu-
nesse.

Le jetterais-je encore aujourd'hui ?

⁂

Il manque un chapitre à votre livre, mon cher
Diplomate. Vous y avez songé, certainement, mais
après avoir parlé de la préparation matérielle à la
guerre, quand vous vous êtes trouvé en présence
de cet élément impondérable, variable, insaisissable
qu'est le moral du pays et de l'armée, vous vous
êtes arrêté, inquiet !...

Cet élément-là est beaucoup plus difficile à pré-
ciser que l'autre ; je vous connais assez pour savoir
que la difficulté ne vous eût pas arrêté, mais vous
avez dû craindre, d'une part d'être insuffisamment
documenté, de l'autre, de ne pouvoir finir votre
livre par ce mot de confiance que vous vous étiez
assigné comme conclusion.

Et j'imagine alors qu'en me demandant une préface, vous vous êtes dit : « Un officier, qui « vient de quitter l'armée et qui, pendant sept ans, « y a été chef de corps, doit pouvoir parler du « moral de l'armée. Il comblera en partie la lacune « voulue de mon livre. »

Eh bien ! oui, mon cher Diplomate, je répondrai à votre invitation tacite, parce que j'estime qu'il y a des heures où c'est un devoir de parler et qu'il ne faut pas recommencer l'histoire « du bouton de guêtre » de funeste mémoire.

Je le ferai d'ailleurs très brièvement et, surtout, je saurai m'abstraire, croyez-le bien, des considérations d'ordre personnel qui pourraient faire dire : « C'est un aigri qui parle. »

Non, c'est un soldat qui aimait passionnément l'armée, qui avait espéré lui consacrer toute sa vie et qui ne l'a quittée que pour la mieux défendre. C'est un soldat qui vient dire à nos gouvernants : « Hâtez-vous d'enrayer le mal dont souffre l'armée, ou bien rayez le mot de CONFIANCE que vous écrivez imprudemment sur la page encore blanche du livre du destin. »

Ce mal, il revêt trois formes :

Les prédications antimilitaristes pour les soldats.

L'arrivisme pour les officiers.

La délation pour tous.

On s'était imaginé que les théories d'Hervé ne rallieraient que quelques énergumènes et on s'étonne aujourd'hui qu'elles fassent déjà tant de ravages dans les masses ouvrières : on avait compté sans la lâcheté, sans l'amour du bien-être qui amènent une nation, après une longue paix, à ressembler à ces êtres adipeux, envahis par la graisse, et uniquement soucieux de bonne chère et de calme digestion.

Le mal s'étend : il a pénétré les couches profondes de l'armée.

Rien ne sert de le nier.

On me dira : « Il ronge aussi nos voisins ». Je n'en sais rien et Bebel, dans tous les cas, a dit que le socialiste allemand marcherait quand même contre la France. Soyez sûr qu'il sera obéi.

Je dis que le soldat français, le premier du monde, quand on sait bien le prendre, commence à douter, et que là est le danger.

Malgré les efforts des officiers qui s'ingénient à lui inspirer confiance et qui déploient encore et malgré tout un zèle qu'on soupçonne à peine au dehors, ce petit soldat se demande s'il ne moud pas à vide dans cette grande machine où il est engrené et s'ils n'ont pas raison les tentateurs qui lui soufflent à l'oreille. « Tu ne sers à rien ici : Tous les peuples « sont frères et si l'on te commande de marcher à « la frontière, rappelle-toi que l'ennemi, c'est l'offi- « cier qui te montre la route ! »

Contre ces tentateurs-là, soyez impitoyables !

Et notez bien que je ne confonds pas dans ma réprobation les misérables comme Hervé avec des lutteurs comme Jaurès. Regardez-le bien celui-là. Je ne le connais point, mais, à certains indices, je devine les angoisses de son âme. Soyez-en sûr : depuis quelque temps, déjà, il est effrayé devant l'œuvre de désagrégation à laquelle il a participé, emporté par la magie de son verbe, poussé par des forces invisibles qui utilisaient sa maîtrise de parole ; de là ses hésitations, ses contradictions, et le jour n'est peut-être pas loin où voyant l'abîme, il se frappera la poitrine en disant : Français d'abord !

L'arrivisme chez les officiers : qu'en dirai-je, sinon qu'en voulant à toute force coller sur leur dos cette étiquette de républicain, on a soulevé parmi eux des appétits et des rancunes dont souffre le corps tout entier ? Qu'avait-on besoin de les différencier ainsi ? Que pouvait-on leur demander de plus que le dévouement exclusif à leur devoir militaire et à leur tâche d'éducateurs des générations françaises ? Il y avait parmi eux des représentants de toutes les classes sociales. C'était une grande école d'égalité et de fraternité. A l'heure où je parle, le corps d'officiers comprend des méprisés et des snobs en petit nombre mais parlant haut, des découragés et des silencieux qui forment la masse et qui voient peu à peu s'éteindre au fond d'eux-mêmes la petite flamme, qui fait faire les grandes choses.

Voilà où nous en sommes !

Et la délation ? ah ! l'ignoble mot et l'abominable pratique ! Oui, je le dis bien haut, ceux qui ont introduit dans l'armée ce germe d'envie, ce ferment de haine, ceux-là pourront plus tard se dire, si *la* guerre possible *devient la* guerre fatale, *qu'ils sont les artisans de notre perte.*

Et il faut dès maintenant les marquer au front, car les ravages de leur système sont plus profonds cent fois que le public ne se l'imagine. Vous qui voulez absolument fermer les yeux à la réalité, même à cette heure dramatique où toutes les oreilles se tendent vers les bruits du Rhin, demandez-vous donc, si la guerre éclatait demain, comment marcherait un Régiment dans lequel la camara-derie — ce ciment des armées — serait remplacée par la haine. Et où avez-vous vu combattre côte à côte et mourir ensemble deux hommes entre lesquels se dresse la barrière du mépris?

Oui, le mal est grand, mais précisément, il faut le regarder en face, et il est encore facilement et rapidement réparable.

Au nom de la Patrie, qu'on le répare sans perdre un jour!

Qu'on donne à l'armée pour chef un des siens, *un de ces travailleurs à l'esprit large et fécond dont la politique n'ait pas terni l'idéal militaire. Il y en a.*

Que ce chef donne à tous l'impression que cette odieuse politique est bannie de l'armée; qu'il fasse rentrer dans l'ombre et abandonne à leur repentir, s'ils en sont encore capables, les indignes et les méprisés. Que le petit soldat soit tenu à l'écart de cette contamination qui a l'Yonne pour foyer et la lâcheté pour mot d'ordre. Et la con-fiance renaîtra vite, car, on l'a dit souvent, notre

France est la terre classique des sursauts d'énergie et des renouveaux d'enthousiasme.

Que la lutte électorale prochaine se fasse donc sur ce mot sacré : **patriotisme** ! et sur cet autre mot qui en est inséparable : **liberté** ! Une Chambre ayant de pareilles assises pourrait regarder en face la guerre possible.

Si l'heure présente est si grave, si elle traîne avec elle de si lugubres appréhensions, c'est parce que chacun sent l'Armée affaiblie, le Gouvernement inquiet, l'Autorité absente.

A l'heure où j'écris cette préface, l'Allemagne ne veut rien entendre et la conférence d'Algésiras semble devoir se séparer sans avoir abouti.

Que va-t-il advenir ?

La guerre n'éclatera pas pour cela demain, mais de qui dépend-elle et comment tournera-t-elle si nous restons dans le statu quo ?

Qu'on me permette une comparaison :

Deux hommes sont lâchés dans un bois au petit jour et chacun d'eux est muni d'une carabine pour un de ces duels à l'américaine qui consiste à se chercher et à se fusiller jusqu'à ce que mort s'ensuive.

L'un deux, un gros blond placide, est décidé à l'offensive. L'autre, un petit brun nerveux, se promet, quoi qu'il arrive, de ne pas tirer le premier.

Le bois est grand et le duel peut durer toute la journée.

Je vois d'ici le gros blond s'installer tranquillement au pied d'un arbre, buvant, mangeant, se reposant et prenant des forces, certain que l'autre ne viendra pas le déranger ; puis, en possession de tous ses moyens, se mettant à la recherche de son adversaire.

Et celui-ci ? Pendant toute la journée, il est resté derrière son arbre, frémissant au moindre bruit, le doigt sur la détente, et il est fatigué, nerveux, il a les yeux troubles quand sonne l'heure dont il n'a pas su être le maître.

Ainsi allons-nous vivre sans doute pendant plusieurs mois.

L'empereur allemand dira à ses officieux : « Ce n'est pas pour aujourd'hui, ni pour demain. Travaillez, produisez, apprêtez-vous ! Quand je jugerai le moment venu, je vous préviendrai. »

Chez nous, dans l'attente de cet inconnu qui va peupler notre politique de fantômes inquiétants, les affaires vont se ralentir, le malaise croître et le pays s'affaiblir.

Qu'on profite au moins de ce répit, qui est peut-être notre veillée des armes, pour remettre l'armée sur pied ! Qu'on lui rende confiance et justice ; qu'elle reprenne en un mot sa place dans ce pays guerrier qui étonna le monde par sa bravoure et qui le déconcerte aujourd'hui par sa veulerie !

Et peut-être qu'alors la guerre possible deviendra la guerre impossible !

Commandant DRIANT.

Mars 1906.

La Guerre Possible

---

*Le but de ce livre est de dissiper les incerti-
tudes de l'heure présente.*

Depuis une année environ, un malaise indéfinissable a envahi tous les esprits et semble s'accroître
chaque jour davantage.

Les gouvernants et les hommes politiques les mieux
placés pour savoir exactement ce qui se passe dans
les coulisses de la diplomatie ne cherchent même pas
à dissimuler les inquiétudes que leur cause la situation
générale de l'Europe.

Dans les milieux moins bien informés, mais suffisamment instruits et clairvoyants pour se rendre
compte des difficultés de l'heure actuelle, règne la
même incertitude en ce qui concerne un avenir que
tout le monde considère comme plein de menaces.

Enfin, la grande masse du public elle-même
éprouve la sensation imprécise, — mais troublante,
— qu' « il y a quelque chose dans l'air », qu'il existe
une tension générale susceptible de provoquer à
l'improviste les plus redoutables surprises.

C'est à ce sentiment universel, à cette interrogation
anxieuse, que nous voulons répondre, en remplaçant
le vague des hypothèses par la précision des faits.

*Comment la crise qui préoccupe actuellement
l'Europe entière a-t-elle pris naissance ?*

1

Quelles sont les circonstances qui la rendent particulièrement dangereuse pour la paix ?

Quelles sont les puissances qui se trouveraient entraînées dans le conflit ?

Quelles sont exactement les forces militaires respectives et les ressources financières des adversaires en présence ?

Comment se comporterait, en cas de mobilisation, la formidable organisation armée que les puissances préparent depuis trente-cinq ans ?

Quels sont les avantages et les points faibles de chaque adversaire ?

Tels sont les principaux problèmes que nous allons examiner, à la lumière de documents puisés aux sources les plus sûres et contrôlés avec un soin minutieux.

L'objet de cette étude consciencieuse est double.

En premier lieu, donner à tous, — sans exagérations, comme sans réticences, — une idée *vraie*, claire, précise, réfléchie et raisonnée, de ce qu'est actuellement, dans la réalité des faits, la situation de l'Europe au point de vue de la paix ou de la guerre.

En second lieu, tracer le tableau vivant, animé, — *mais rigoureusement vrai et ne laissant aucune place à la fantaisie,* — de la mise en marche du puissant mécanisme militaire de la France, à partir du moment où il sera « déclanché » par l'ordre de mobilisation.

Quiconque lira ces pages, se rendra un compte exact des éventualités que les circonstances présentes peuvent faire redouter pour l'avenir, — mais, en même temps, des espérances que la France peut fonder sur ses forces de terre et de mer, sur ses alliances et sur les amitiés qu'elle a su se concilier, soit pour le maintien de la paix, soit pour faire bonne contenance devant l'ennemi, si la guerre ne peut être évitée.

I

UNE QUERELLE D'ALLEMAND

GUILLAUME II DÉBARQUE THÉÂTRALEMENT A TANGER ET SE CONSTITUE, CONTRE LA FRANCE, LE CHAMPION DU MAROC. — LE LIVRE JAUNE MONTRE LA FAUSSETÉ DES GRIEFS ARTICULÉS PAR L'ALLEMAGNE CONTRE LA FRANCE. — L'ULTIMATUM DU KAISER : « LA CONFÉRENCE OU LA GUERRE ! ». — LA DÉCLARATION DE M. ROUVIER. — LA VÉRITABLE CAUSE DE L'ATTITUDE AGRESSIVE DE L'ALLEMAGNE : MOUKDEN.

Le 31 mars 1905, le yacht *Hohenzollern*, à bord duquel se trouvait l'empereur allemand Guillaume II, entrait dans le port de Tanger, — pavoisé, reluisant, tonnant de tous ses canons, au salut desquels répondaient bruyamment les batteries du rivage. Des pavillons multicolores flottaient au haut des mâts des légations et des consulats, une foule immense encombrait les quais.

C'était comme une apothéose triomphale en l'honneur d'un conquérant !

En mettant pied à terre, Guillaume II salua emphatiquement le représentant du Sultan du Maroc, « souverain indépendant », et dans une allocution aux résidents allemands, il eut soin d'insister, en disant :

— Je suis heureux de saluer en vous les pionniers dévoués de l'industrie et du commerce allemands, qui m'aident dans la tâche de maintenir toujours haut, *dans un pays libre*, les intérêts de la mère-patrie.

Dès le 22 mars, l'empereur d'Allemagne avait annoncé au monde son intention de visiter Tanger au début de la croisière qu'il avait entreprise dans la Méditerranée, et cette démarche inattendue avait été immédiatement interprétée, par toute la presse d'outre-Rhin, comme une protestation contre les accords conclus par la France, l'année précédente, avec l'Angleterre et avec l'Espagne, au sujet du Maroc.

Cet incident souleva en France et dans toute l'Europe une émotion extrême.

Quelque habituée que fût l'opinion universelle aux fugues soudaines de l'empereur Guillaume II, elle se demandait ce que signifiait cette injonction brutale, cette menace non déguisée faite à la France, à l'improviste, plusieurs mois après la conclusion d'accords auxquels l'Allemagne, jusqu'à ce moment, paraissait être restée indifférente.

Pour justifier cette attitude, la presse germanique, visiblement inspirée en haut lieu, chercha à établir que l'Allemagne avait été systématiquement tenue à l'écart des accords conclus par la France avec l'Angleterre et avec l'Espagne, et que la République française ne visait à rien moins qu'à faire du Maroc une nouvelle Tunisie, double intrigue à laquelle l'empereur avait le devoir de s'opposer, tant au point de vue des intérêts allemands que de ceux de l'Europe entière, qui se trouveraient lésés par cette mainmise exclusive sur le Maroc.

Pour se rendre compte de la valeur réelle de ces affirmations, il suffit de se référer au *Livre Jaune* sur les « Affaires du Maroc », publié par le Gouvernement français, et distribué aux Chambres le 14 décembre 1905 (1).

(1) Ce document diplomatique est un volume de 320 pages. Il renferme 368 pièces se rapportant à l'histoire de la politique suivie par la France au Maroc, depuis le mois de mars 1901, jusqu'au mois de décembre 1905.

Les enseignements du *Livre Jaune*.

Cette publication démontre, avec une entière évidence, que la politique de la France n'a jamais été dirigée que par le souci de défendre, avec une extrême modération, les droits naturels que lui créent vis-à-vis du Maroc 1200 kilomètres de frontière commune.

Quant à l'accord signé avec l'Angleterre, le 8 avril 1904, par un « traitement de faveur », l'Allemagne en avait été avisée dès le 23 mars, au cours d'une conversation du prince de Radolin, ambassadeur d'Allemagne à Paris, avec M. Delcassé, qui la rapportait en ces termes à M. Bihourd, ambassadeur de France à Berlin :

Paris, le 27 mars 1904.

« Je crois utile de vous rendre compte d'une conversation que j'ai eue avec l'ambassadeur d'Allemagne, à ma dernière réception diplomatique. Le prince de Radolin a « demandé à me poser une question indiscrète ». « Est-il vrai, a-t-il dit, qu'un accord ait été signé ou soit sur le point d'être signé entre la France et l'Angleterre ? » J'ai répondu : « Rien n'est signé ni sur le point de l'être. Mais nous causons depuis assez longtemps avec le cabinet de Londres pour le règlement amiable des questions qui intéressent nos deux pays ; l'entente a été reconnue possible, et il est probable qu'elle finira par s'établir. » — « On dit qu'il est question de Terre-Neuve ? » — « Nous en avons parlé en effet. » — « Et du Maroc ? » — « Aussi. Mais vous connaissez déjà notre point de vue à ce sujet ; et j'ai eu l'occasion de vous répéter ce que j'avais dit précédemment à la tribune du Sénat et à celle de la Chambre. Nous voulons maintenir au Maroc l'état politique et territorial actuel ; mais cet état, pour durer, doit manifestement être soutenu et amélioré. Au seul cours de l'année dernière, le Maroc nous a offert, par des agressions répétées, de fortes et légitimes raisons d'intervention. J'ai résisté, mais chaque fois avec plus de peine, aux naturelles exigences de ceux qui voulaient venger le sang versé et de ceux qui prétendaient aller chercher au Maroc même des garanties pour le respect de notre frontière algérienne et pour la tranquillité des populations qui l'avoisinent. Nous avons dû renforcer nos postes, en créer de nouveaux. D'où des dépenses considérables, que seule l'amélioration de l'état de choses au Maroc permettra de réduire. Le sultan a pu déjà se convaincre de l'efficacité de notre aide sur les points où il nous l'a demandée. Il s'agit de la lui continuer. Mais elle lui sera donnée de telle sorte que tout le monde en bénéficiera, notamment au point de vue des transactions commerciales, que ne pourra que favoriser l'établissement de la sécurité, qui est un des premiers besoins du Maroc. Il est superflu d'ajouter, que sous quelque forme que nous soyons amenés à prêter assistance au sultan, la liberté commerciale sera rigoureusement et entièrement respectée. » — « Et l'Espagne ? » — L'Espagne ? J'ai dit naguère à la tribune de la Chambre qu'elle sait que nous sommes ses amis et qu'elle n'a à attendre de nous que des procédés amicaux. Ce n'est pas moi qui méconnaîtrai ses intérêts positifs et ses aspirations légitimes. »

« Le prince de Radolin a trouvé mes déclarations très naturelles et parfaitement raisonnables et m'a remercié vivement de les lui avoir faites.

« Vous pourrez, dans vos conversations avec le ministre des affaires étrangères, vous inspirer de cet entretien. »

Le lendemain de la signature de la convention franco-espagnole du 6 octobre 1904, le baron de Richthofen, ministre des affaires étrangères du royaume de Prusse, faisant fonction de secrétaire d'État aux affaires étrangères pour l'Empire, en était avisé, et déclarait, le 14 octobre, que c'était un « intérêt exclusivement économique que l'Allemagne attachait aux affaires marocaines ».

Rien donc ne permettait de prévoir que des difficultés pourraient surgir entre la France et l'Allemagne au sujet du Maroc, et cette situation se continua, sans modifications, jusqu'au 11 février 1905.

A cette date, M. Delcassé reçut du comte de Cherisey, chargé d'affaires de France à Tanger, le télégramme suivant, aussi inquiétant qu'inattendu :

Je crois devoir rendre compte à Votre Excellence des déclarations que m'a faites mon collègue allemand, au cours d'un récent entretien sur l'attitude de l'Allemagne dans les affaires marocaines.

« Après l'accord franco-anglais, m'a dit M. de Kühlmann, nous supposions que le gouvernement français attendrait, pour nous mettre au courant d'une situation nouvelle, que l'entente franco-espagnole, prévue dans l'arrangement du 8 avril, fût effectuée. Mais aujourd'hui, tout étant définitivement conclu, et les ratifications parlementaires étant intervenues, nous nous sommes aperçus qu'on nous tenait à l'écart systématiquement. Nous avons donc fixé notre attitude en conséquence. N'allez pas croire que je me sois tracé une ligne de conduite de ma propre initiative. En présence des interprétations contradictoires de nos journaux, j'ai cru devoir solliciter de mon gouvernement des instructions formelles. Et c'est alors que le comte de Bülow m'a fait savoir que le gouvernement impérial ignorait tout des accords intervenus au sujet du Maroc et ne se reconnaissait comme lié en aucune manière relativement à cette question. »

Ainsi, les confidences faites par M. Delcassé au prince de Radolin, *seize jours* avant la signature de l'accord franco-anglais, et la notification de l'accord franco-espagnol au baron de Richthofen, le lendemain même de la signature de ce dernier, étaient considérés comme non avenus!

Il devait y avoir un malentendu!

M. Delcassé télégraphie aussitôt à Berlin pour obtenir quelque éclaircissement, mais M. Bihourd ne parvient pas à entretenir le baron de Richthofen, et d'une conversation avec le sous-secrétaire d'État, M. de Mühlberg, qui affecte de ne rien savoir de la question, il retire cette vague impression que « le gouvernement allemand ne se reconnaît comme lié en aucune manière relativement au Maroc. »

Là-dessus, le voyage de Guillaume II à Tanger est annoncé, et M. Bihourd commence à témoigner de l'inquiétude que lui cause cet événement, dans cette phrase d'une lettre adressée à M. Delcassé :

«... Nous demeurons sous la menace, assez clairement exprimée par la presse allemande, de quelque fâcheuse surprise. »

Le ministre des affaires étrangères français s'efforce de nouveau de démontrer qu'il n'a jamais songé à tenir systématiquement l'Allemagne en dehors des accords avec le Maroc. Pas de réponse !

Et quelle réponse aurait-on pu faire de bonne foi, sinon qu'il était exact que l'Allemagne avait été tenue au courant de tout ?

La chancellerie et les journaux allemands forgent alors, de toutes pièces, un nouveau grief.

M. de Mülhberg a exposé à M. Bihourd « les inquiétudes qu'a éprouvées son gouvernement en apprenant que M. Saint-René Taillandier avait parlé au Sultan *au nom des étrangers* », c'est-à-dire, *au nom de l'Europe.*

Le ministre de France au Maroc dément catégoriquement cette assertion en ces termes :

« Fez, le 9 avril 1905.

« En réponse aux allégations dont la presse allemande s'est armée contre nous, Votre Excellence peut affirmer de la façon la plus catégorique que ni auprès du sultan, ni auprès du maghzen, je n'ai jamais invoqué un prétendu mandat européen. Si j'ai signalé au maghzen le danger de mécontenter le commerce universel par la mauvaise organisation de ses ports, je n'ai fondé notre droit de donner des conseils au gouvernement chérifien que sur notre situation propre, récemment consacrée par des accords conclus avec les puissances les plus voisines du Maroc et les plus intéressées dans les affaires de ce pays. »

En dépit de ce démenti, renouvelé le 15 juin, le gouvernement allemand persista à maintenir ces allégations.

En même temps, il envoyait à Fez le comte Tattenbach, et grâce aux conseils que celui-ci apportait au gouvernement marocain de la part de l'empereur Guillaume II, le Sultan déclara, le 27 mai, qu'il ne pourrait répondre aux propositions de réformes faites par M. Saint-René Taillandier, *qu'après une conférence des ministres des puissances.*

Le premier but poursuivi par l'Allemagne se trouvait ainsi obtenu. La France était mise en échec au Maroc, et la presse germanique ne se gênait pas pour déclarer : *Derrière le Maroc, il y a l'Allemagne!*

En vain M. Delcassé insiste à Berlin, en disant :

« Y aurait-il vraiment, malgré tout, un malentendu ? Dans ce cas, je suis tout prêt à le dissiper! »

Pas de réponse!.. Le gouvernement allemand ne tient nullement à dissiper le malentendu... Il tient, au contraire, semble-t-il, à l'entretenir, et même à l'aggraver.

Déjà, le 28 avril, M. Bihourd écrivait :

« Le gouvernement impérial ne se hâte pas de répondre à la question que successivement Votre Excellence à Paris et moi à Berlin nous lui avons nettement posée. Ce silence cadre bien avec la politique que le chancelier a proclamée au Reichstag et l'empereur à Tanger.

« En adoptant cette attitude, elle a tenu d'abord à donner une éclatante satisfaction à l'amour-propre national, ensuite à apaiser par un dédommagement les plaintes de l'industrie et du commerce, qui se disent sacrifiés dans les récents traités de commerce. A cette situation clairement définie correspond, dans les rapports de la France avec sa puissante voisine de l'est, une crise délicate et périlleuse.

« Les conseillers belliqueux ne font sans doute pas défaut dans l'entourage du souverain; ils ne manquent certainement pas de prétendre que la Double Alliance a reçu en Mandchourie une atteinte grave. Dans ces conjonctures, ils ont beau jeu à signaler l'heure présente comme propice à une lutte armée contre la France.

« Dans cet état de choses, quelles voies s'ouvrent à notre diplomatie ? N'avons-nous pas la ressource des négociations ? »

M. Bihourd se déclare partisan d'une conférence, plutôt que de prolonger un « tête-à-tête silencieux » et dangereux.

L'ultimatum du 6 juin 1905 : « La Conférence ou la Guerre ! »

Mais, dès lors, M. Delcassé a le sentiment bien net que la question du Maroc n'est en réalité qu'un prétexte soulevé par l'Allemagne, qui cherche surtout un motif de querelle, et il se rend compte que toute concession aboutira à de nouvelles exigences de la part d'un adversaire résolu à trouver une cause de conflit avec la France.

En conséquence, il s'efforce d'opposer à l'intransigeance de l'Allemagne une attitude correcte, mais ferme, et pour préparer l'opinion publique à toute éventualité, il inspire (on lui a, du moins, attribué cette inspiration) les articles énergiques publiés dans le *Matin* sur l'isolement de l'Allemagne, articles qui suscitèrent une si vive émotion.

La crise est, par le fait même, devenue aiguë, et une extrême inquiétude règne en France. Le bruit court que M. Delcassé a déclaré que, le cas échéant, il n'hésiterait pas « à jeter dans la balance l'épée de la France », et qu'il serait soutenu, en la circonstance, par une intervention effective de l'Angleterre, intervention qui se traduirait par le débarquement d'une armée anglaise dans le Holstein.

Le ministre des affaires étrangères est, à ce propos, très attaqué par certains journaux français, aussi bien que par la presse allemande, qui écume, rugit et fulmine.

Le 6 juin, un véritable ultimatum de l'empereur allemand arrive à Paris :

« *La Conférence ou la Guerre !* »

Au conseil des ministres, réuni d'urgence, a lieu une séance orageuse. M. Delcassé est d'avis de se prononcer pour la guerre, plutôt que pour la conférence, mais les ministres compétents sont obligés d'avouer qu'après trente-cinq ans d'efforts et de sacrifices, *la France n'est pas prête !...* Les approvisionnements en munitions de la frontière de l'est sont loin d'être au complet... Impossible d'aller, le cœur léger, au-devant d'une aussi terrible aventure... Il faut céder !

M. Delcassé abandonne aussitôt le portefeuille des affaires étrangères, dont M. Rouvier prend la charge.

Le premier soin du nouveau ministre est de déblayer le terrain, pour mettre fin à une situation trop tendue.

Le 8 juin, par une énergique circulaire aux représentants de la France auprès de toutes les puissances, il commence par déclarer :

« Nous avon· pr·senté au sultan un plan de réformes pour améliorer l'état intérieur de son empire, et avant tout pour y établir la sécurité, mais nous ne lui avons demandé de remettre entre nos mains ni la direction des affaires intérieures du Maroc, ni la représentation de ses intérêts au dehors. »

En second lieu, il fait démentir de nouveau, par M. Saint-René Taillandier, que celui-ci se soit jamais dit investi d'un mandat européen auprès du sultan du Maroc (1).

En somme, il offre immédiatement à l'Allemagne de nouveaux gages de la modération de la France.

Mais Berlin ne désarme pas. Le 10 juin, M. de Radolin dit, en termes formels, à M. Rouvier :

— Nous tenons pour la conférence. Si elle n'a pas lieu, c'est le *statu quo, et il faut que vous sachiez que nous sommes derrière le Maroc.*

(1) Cela n'empêche pas le *Livre Blanc* allemand, publié le 8 janvier 1906, de reproduire à nouveau la même allégation, en s'appuyant uniquement sur les assertions du sultan du Maroc et de son entourage, témoins suspects, trop intéressés à brouiller les cartes pour ne pas avoir usé, en la circonstance, de procédés de nature à donner à l'Allemagne un prétexte à réclamations.

C'est donc toujours la même chose : *la Conférence ou la guerre !*

Après avoir vainement fait observer qu'une entente directe entre la France et l'Allemagne serait préférable à une conférence internationale, M. Rouvier, — sur l'assurance qui lui est donnée que *la situation spéciale* de la France au Maroc est reconnue par l'Allemagne, — finit par accepter la conférence, arrangement qui donne lieu au protocole du 8 juillet 1905, prévoyant des négociations préliminaires relatives au programme de la Conférence.

Ces négociations s'engagent aussitôt, d'abord entre M. Rouvier et le prince de Radolin, ensuite entre M. Révoil et le docteur Rosen, et elles aboutissent, finalement, à l'accord signé le 28 septembre.

Le sultan du Maroc adhère à ce programme le 22 octobre, accepte Algésiras au lieu de Tanger comme siège de la conférence, mais (vraisemblablement à l'instigation de l'Allemagne), demande que l'ouverture de cette Conférence, qui avait été fixée au 15 décembre, soit ajournée.

Le 14 décembre, le *Livre Jaune* est distribué aux Chambres françaises, et, le 16 décembre, M. Rouvier fait, au sujet des affaires du Maroc, la mémorable déclaration suivante, qui constitue un document historique.

La déclaration de M. Rouvier.

Messieurs,

Le 10 juillet dernier, j'ai fait connaître à la Chambre les premiers résultats des négociations engagées entre l'Allemagne et la France au sujet de la Conférence marocaine.

Le gouvernement de la République n'a accepté de participer à cette Conférence qu'après s'être mis d'accord avec le gouvernement impérial sur les principes qui constituent la garantie indispensable des intérêts de la

France au Maroc et de sa situation spéciale vis-à-vis de l'Empire chérifien.

C'est cet accord que consacrait le protocole du 8 juillet. En le communiquant à la Chambre, je l'ai priée d'ajourner tout débat sur les affaires marocaines jusqu'au moment où je pourrais lui fournir de plus complètes explications. En effet, nous avions encore à déterminer le programme de la Conférence et à le faire accepter, de concert avec le sultan.

Le 28 septembre dernier, j'ai signé avec le prince Radolin un nouveau protocole qui a fixé le projet de programme en conformité des principes adoptés dans l'échange de lettres du 8 juillet.

A la date du 22 octobre, le sultan du Maroc a fait connaître à notre ministre à Fez et au ministre d'Allemagne qu'il adhérait au programme et se ralliait au choix de la ville d'Algésiras comme lieu de réunion de la Conférence.

L'Espagne prêtant de nouveau à l'Europe son hospitalité qu'elle pouvait, d'ailleurs, considérer dans l'espèce comme une tradition), il lui appartenait de convoquer les puissances.

Pour satisfaire à une demande du Maghzen, la date du 15 décembre, primitivement fixée, n'a pas été maintenue. Je suis fondé à penser que la Conférence s'ouvrira dans les premiers jours de janvier.

J'avais également promis au Parlement de placer sous ses yeux les documents concernant la question marocaine. Le *Livre Jaune* qui vous a été distribué vous permet d'apprécier, dans son ensemble, la politique suivie par la France au Maroc et les incidents qui en ont marqué la dernière phase : tout esprit impartial y trouvera en même temps la preuve de la modération et de la légitimité de notre action.

La France, Messieurs, ne peut pas ne pas avoir une politique marocaine ; la forme et la direction que prendra dans l'avenir l'évolution de l'Empire marocain influeront d'une manière décisive sur les destinées de nos possessions de l'Afrique du Nord.

Depuis soixante ans, le voisinage du Maroc a été pour l'Algérie une cause permanente de trouble et d'agitation. La sécurité de nos communications et de nos postes-frontière ; celle de nos sujets algériens, menacés par des excitations de toute nature ; la présence constante sur nos confins des rebelles et des fugitifs de chaque insurrection ; l'agression continue, non point de maraudeurs isolés, non point de bandes, mais de hordes de plusieurs milliers d'hommes, — tout nous imposait la nécessité de réclamer que l'État limitrophe remplît ses obligations envers nous.

Le *Livre Jaune*, abondamment documenté, que nous avons remis, contient un tableau fidèle de nos efforts et des méthodes que nous avons appliquées à la solution du problème. Nous avons longtemps espéré, nous avons pu même croire, à certains moments, que nous obtiendrions du gouvernement marocain un concours efficace, une collaboration suivie. Les accords de 1901 et 1902 étaient les plus propres à assurer ce résultat. Mais le gouvernement marocain, livré à lui-même, s'est montré hors d'état d'accomplir ses devoirs élémentaires envers les étrangers. Le désordre intérieur n'a pas cessé d'augmenter ; la rébellion s'est installée au Maroc sur une importante partie du territoire et le Maghzen en est arrivé à un tel degré de faiblesse qu'il ne fait plus l'effort nécessaire pour garantir la sécurité des Européens.

Le danger de cette anarchie contagieuse, la légitimité de nos griefs, ont été reconnus par les puissances dont les intérêts, à des titres divers, sont, avec les nôtres, les plus importants au Maroc. Elles ont admis que les lourdes responsabilités du Maghzen à notre égard, s'ajoutant à notre position spéciale, nous autorisaient à nous présenter à lui, d'accord avec elles, non plus seulement en plaignants, mais en conseillers, reconnaissant que, si nos conseils étaient écoutés, la civilisation générale en profiterait.

Telle était la situation, quand l'intervention de l'Allemagne s'est produite. L'Allemagne n'a pas jugé suffisant d'être informée de nos accords : estimant que ses intérêts exigeaient qu'elle fût plus directement consultée, elle a appuyé officiellement le projet de conférence présenté par le sultan, qui en appelait ainsi de nos propositions à une consultation internationale.

J'ai considéré que, sous condition d'obtenir les garanties nécessaires, nous ne devions pas nous refuser aux tempéraments compatibles avec le souci de la dignité de la France, comme avec la sauvegarde de ses intérêts essentiels, et que passer outre, c'eût été perdre le sentiment de notre responsabilité envers le pays. Nous entendions ne pas faire sortir la question marocaine des proportions qu'elle doit garder : nous avons accepté de nous rendre à la Conférence.

Dans quelle situation nous y présentons-nous, et que comptons-nous y faire ?

Il ne saurait plus y avoir de méprise aujourd'hui sur le caractère et la portée véritables des propositions que notre

ministre à Fez a présentées à l'agrément du sultan. Ces
propositions ne tendaient en aucune façon à introduire
au Maroc un régime analogue à celui appliqué dans la
Régence de Tunis. D'autre part, nous n'avons jamais
invoqué auprès du Maghzen un prétendu mandat de
l'Europe; M. Saint-René Taillandier a rempli avec une
correction parfaite la mission qui lui avait été confiée et
qui ne mettait en cause ni les droits souverains du sultan,
ni la situation des puissances, telle qu'elle résulte des
traités. Nous avions déjà tracé ces limites; nous n'avons
donc qu'à rester fidèles à nous-mêmes.

Ce n'est point une discussion de juristes qui s'ouvrira à
la Conférence. La question qui se pose devant elle est
simple. Chaque puissance a des droits au Maroc : ils ne
sont pas contestés. Chaque puissance y bénéficie des
traités: il n'a jamais été question d'y porter atteinte.
Chaque puissance, enfin, dans une mesure quelconque,
peut faire valoir ses intérêts. Ces intérêts doivent être
respectés. Mais ce que nous avons le devoir de montrer
à la Conférence, c'est la qualité spéciale de nos droits et
l'importance de nos propres intérêts.

Nos droits, tout d'abord. Il ne s'agit pas du régime de
notre frontière algérienne, qui reste du ressort exclusif de
la France et du Maroc; c'est là une réserve explicitement
sanctionnée par le protocole du 8 juillet et confirmée le
28 septembre.

Mais la situation particulière que nous occupons au
Maroc ne résulte pas seulement de la contiguïté de nos
frontières; notre droit a une portée plus générale. Il
consiste en ceci, que la France est puissance musulmane
dans l'Afrique du Nord; que nous avons à y maintenir et
y préserver notre autorité sur une population de 6 millions
d'indigènes en contact avec 700 000 colons européens ;
que la communauté de langue, de religion, de race, qui
rapproche cette population de celle du Maroc, la rend
sensible à toutes les excitations que peut développer
dans l'État voisin, soit l'absence de gouvernement
régulier, soit la constitution d'un gouvernement hostile.
Nous sommes donc fondés à réclamer l'existence dans
l'Empire chérifien d'un pouvoir à la fois traditionnel et obéi
partout, et, d'autre part, à nous assurer que ce gouvernement ne sera jamais amené à user de son autorité
pour menacer notre territoire et troubler notre colonie.

Rien n'est plus réel que ce droit.

Il n'atteint aucun droit étranger. Il garantit celui de
toutes les puissances civilisées.

Nous invoquerons auprès de la Conférence une autre considération : celle de nos intérêts qui figurent au premier rang des intérêts européens ; le développement de notre commerce, le nombre de nos nationaux et de nos entreprises, le chiffre des capitaux français engagés au Maroc justifient cette affirmation. Ce sont là des faits. Cependant, sur ce terrain de l'activité économique et de la libre concurrence, nos traités avec l'Angleterre et l'Espagne, nos arrangements du 8 juillet et du 28 septembre derniers avec l'Allemagne, montrent que nous désirons un régime libéral, assurant une complète égalité de traitement à toutes les entreprises de commerce et d'industrie.

La reconnaissance d'une situation spéciale, résultant des faits les plus évidents, admise par les puissances les plus intéressées, inscrite aux derniers accords que nous avons conclus avec le gouvernement impérial, ne peut donc porter préjudice à personne.

Je viens d'indiquer à la Chambre la nature et la position exacte de la question : l'indépendance de l'Empire marocain, la restauration et la réforme du Maghzen nous paraissent toujours les deux conditions fondamentales de l'œuvre que réclame l'état actuel du Maroc. Si on ramène la question marocaine à ses éléments essentiels, il apparaît avec évidence qu'elle engage un intérêt national, qu'elle s'impose à notre politique sous peine de compromettre la grande œuvre entreprise par la France depuis trois quarts de siècle dans le nord-ouest de l'Afrique et qui lui a coûté de si lourds sacrifices.

Des négociations qui ont abouti aux accords des 8 juillet et 28 septembre, nos droits sont sortis, sinon tous reconnus, du moins tous préservés. Ces négociations ont pu être laborieuses ; je tiens à prendre acte de leur résultat ; que l'Allemagne et la France aient réussi à franchir ces deux premières étapes dans le règlement des difficultés qui ont failli un moment troubler leurs relations, c'est là un fait que je me reprocherais, pour ma part, de laisser dans l'ombre au cours de ces explications.

D'ailleurs, des droits aussi légitimes, des intentions aussi modérées que les nôtres ne sauraient se heurter, d'aucun côté, à une opposition irréductible. Nous attendons avec calme les résultats de la Conférence.

Messieurs, la politique extérieure de la France républicaine est facile à définir :

Fidèle à une alliance restée hors de toute atteinte, à des amitiés précieuses exemptes de toute arrière-pensée, désireuse d'entretenir avec tous des relations courtoises, et même réciproquement confiantes, la France, sûre d'elle-même, gardant la conscience de la noblesse de son histoire et de ses destinées, ne vise, nous l'affirmons hautement, qu'à sauvegarder ses droits, ses intérêts et le plein exercice de sa liberté.

Rien de plus digne que cette attitude, — mais n'est-ce pas justement le triomphe de la politique que n'avait jamais cessé de suivre M. Delcassé?

D'ailleurs, l'ère des difficultés était loin d'être close.

Après l'ajournement de la Conférence demandé par le Maroc, l'Espagne avisait, à l'improviste, qu'Algésiras n'offrait pas les commodités nécessaires.

L'opinion publique, déjà nerveuse et surexcitée, trouvait cet incident bizarre, et se demandait s'il n'y avait pas là un simple prétexte, soulevé par l'Allemagne, pour motiver un nouvel ajournement.

Il semblait bien en effet, pour qui était initié au dessous des cartes, que le gouvernement de Berlin, après avoir exigé et obtenu la Conférence, cherchât maintenant à en différer la réunion, — *comme s'il avait eu besoin de gagner du temps !*

Que voulait donc le gouvernement de Berlin?

Tout simplement se ménager la possibilité d'une rupture, dès que l'Allemagne aurait terminé ses préparatifs de guerre.

Il devenait évident, maintenant, que l'empereur Guillaume II n'avait vu, dans l'affaire du Maroc, qu'un nid à conflits, lui permettant de faire naître, entre l'Allemagne et la France, une tension suscep-tible d'aboutir à une conflagration armée, lorsque le moment psychologique serait venu.

La véritable cause de l'attitude agressive de l'Alle-magne, ce n'était pas le Maroc, — c'était l'affaiblis-sement de la Russie, alliée de la France, par les désastres de Moukden et de Tsou-Shima, ainsi que par les troubles révolutionnaires, — affaiblissement qui fournissait au kaiser une occasion unique, inespérée, d'écraser la France livrée à ses seules forces.

Voici, en effet, ce qu'était, avant la guerre russojaponaise, et à l'issue de cette guerre, la situation respective des forces militaires de l'Europe.

II

POURQUOI L'ALLEMAGNE VEUT-ELLE LA GUERRE ?

L'ÉQUILIBRE DES FORCES MILITAIRES DE L'EUROPE A ÉTÉ ROMPU PAR LA GUERRE RUSSO-JAPONAISE. — L'ALLEMAGNE VEUT PROFITER DE CETTE SITUATION, QUI N'EST QUE MOMENTANÉE, POUR ÉCRASER LA FRANCE. — POURQUOI LA GUERRE N'A PAS ÉCLATÉ DÈS 1905. — IMMINENCE DE SON EXPLOSION EN 1906.

Depuis que les forces de terre et de mer de la Russie ont éprouvé, en Extrême-Orient, une série ininterrompue de défaites, — *il y a quelque chose de changé en Europe.*

Le contre-coup de ces événements lointains était inévitable, tant sur la situation intérieure de la Russie que sur l'équilibre européen.

En effet, la paix, qui, depuis trente-cinq ans, s'est maintenue entre les grandes puissances européennes, en dépit de rivalités sans nombre résultant, soit de causes historiques, soit de leur position géographique, soit des circonstances mêmes de leur expansion, a été uniquement due à l'équilibre des forces armées.

La paix armée était la meilleure des assurances contre la guerre. Le budget des dépenses militaires était, en quelque sorte, *la prime annuelle de cette assurance.*

Prime bien lourde, mais que nul cependant ne se

serait avisé de réduire, de crainte d'augmenter ainsi les risques d'une conflagration dont on osait à peine envisager les épouvantables conséquences. Au contraire, cette prime croissait sans cesse, puisque les dépenses d'ordre militaire (guerre et marine) que s'imposait l'Europe, se sont successivement élevées de *4 612 millions* de francs en 1891, à *5 324 millions* en 1896, et à *7 875 millions* en 1901. Il est vrai que, sur ce dernier chiffre, les dépenses extraordinaires occasionnées à l'Angleterre par la guerre du Transvaal représentent, à elles seules, environ *1 600 millions* de francs (1).

L'expression concrète de l'équilibre européen, la forme sous laquelle il était sensible pour tous, peuples et gouvernements, c'était le double groupement de l'*Alliance Franco-Russe* et de la *Triple-Alliance* (Allemagne, Autriche-Hongrie, Italie).

Aussi étaient-ce surtout les dépenses militaires de ces puissances qui avaient progressé.

En 1891, les budgets militaires annuels de la France et de la Russie s'élevaient à un total de *1 608 millions*, — et ceux des nations de la Triplice à *1 457 millions*. En 1901, les dépenses militaires de la France et de la Russie atteignaient *2 135 millions*, soit, en dix années, une augmentation de *527 millions* ou 32 0/0, — et celles des nations de la Triple-Alliance à *1 958 millions*, représentant une augmentation de *501 millions* ou 34 0/0.

Signalons en passant, — car ce fait est d'une importance capitale au point de vue du problème qui nous occupe, — que, pendant la même période (*et abstraction faite des frais extraordinaires de la guerre Sud-Africaine*), le budget militaire *normal*

---

(1) Cette guerre du Transvaal a exercé en Angleterre, au point de vue financier et militaire, une influence considérable dont nous retrouverons les effets en maintes occasions.

de l'Angleterre était porté de *794 millions* à *1 300 millions* de francs, soit, en dix années, une majoration de plus de *500 millions* de francs.

Les deux groupements de la *Double-Alliance* et de la *Triple-Alliance*, — nés d'intérêts communs, — se balançaient, à peu de choses près.

Les statisticiens militaires, hommes minutieux et précis, avaient aligné des chiffres qui ne laissaient aucun doute à cet égard, et qui conservent encore aujourd'hui leur intérêt, — justement parce que les modifications profondes qu'ils ont éprouvées justifient les inquiétudes que l'on ressent au sujet du maintien de . . aix.

Il y a donc lieu d'examiner de près sur quoi reposait l'équilibre des forces en Europe avant la guerre russo-japonaise, c'est-à-dire en 1903, — et ce qu'il est devenu aujourd'hui, au début de l'année 1906.

EN 1903, LA DOUBLE ET LA TRIPLE-ALLIANCE SE FONT EXACTEMENT ÉQUILIBRE

§ 1. — Double-Alliance : France-Russie.

FRANCE. — En France, le budget de la guerre ayant varié de 1892 à 1903 entre *622 millions et demi* et *693 millions et demi* de francs, représentait donc une moyenne de *645 millions*, dont *42 millions* pour les dépenses extraordinaires.

L'effectif, après avoir varié, pendant la même période, entre 556 037 et 615 828 hommes, *officiers compris*, était, en 1903, de 607 525 hommes, avec une proportion de *52 officiers et de 948 sous-officiers et soldats par 1000 hommes*, — occasionnant une dépense moyenne annuelle de *1 038 fr. 70 par homme*.

L'effectif en chevaux était, en moyenne, de 141593, soit *24 chevaux pour 100 hommes*.

L'artillerie comptait 3 048 pièces, ou *5 pièces par 1 000 hommes*.

Russie. — De 1892 à 1903, le budget militaire russe a varié entre *599 millions* et *874 millions et demi* de francs, soit une moyenne de *732 millions et demi* pendant ces dix années.

L'effectif de l'armée était, en 1892, de 803 500 hommes ; — en 1903, de 1 018 000 hommes.

Par 1 000 hommes, on comptait 38 officiers et 962 sous-officiers et soldats, la dépense annuelle *par homme* étant d'environ *813 fr. 13*.

L'effectif moyen des chevaux était de 163 500, soit *19 chevaux par 100 hommes*.

L'artillerie russe comprenait 398 batteries à 8 pièces, soit près de 3 200 pièces, ou *3 pièces par 1 000 hommes*.

Il convient de signaler que le personnel du service de santé et de la comptabilité n'a pas, en Russie, de rang militaire. Si l'on fait entrer en ligne de compte les 5 925 employés civils, officiers de santé, comptables, etc., on arrivera à un corps de 39 750 officiers.

Dans ce cas, il y aura, *par 1 000 hommes, 44 officiers et 956 sous-officiers et soldats*, et la dépense moyenne annuelle *par homme* se réduira à *806 fr. 81*.

§ 2. — Triple-Alliance : Allemagne — Autriche-Hongrie — Italie.

Allemagne. — Le budget de l'armée allemande, pendant la période de dix années à laquelle se réfèrent toutes ces statistiques afin qu'elles soient comparables entre elles, a varié entre *677 millions* et *827 millions et demi* de francs. Il s'élevait donc en moyenne à *736 millions*, dont *150 millions* environ pour les dépenses extraordinaires.

Ce budget s'est accru normalement, proportionnellement à l'effectif de l'armée, qui de 492 246 hommes, prévus pour 1891, s'est élevé, en 1903, à 604 168 hommes, dont 26 335 officiers, et 577 187 sous-officiers et soldats. L'effectif moyen était donc, pendant cette période, de 562 187 hommes, dans la proportion de *43 officiers et 957 sous-officiers et soldats par 1 000 hommes*, chaque homme, officiers compris, coûtant en moyenne *1 042 fr. 80 par an.*

L'effectif moyen des chevaux était de 96 208, soit *16 chevaux par 100 hommes.*

L'armée allemande disposait de plus de 3 444 pièces d'artillerie, soit *6 pièces par 1 000 hommes.*

Autriche-Hongrie. — Le budget de la guerre de l'union austro-hongroise, après avoir varié entre *353 millions et 478 millions de francs,* était, en 1903, de *433 millions et demi.* Sa moyenne était donc de *407 millions et demi,* dont *51 millions* pour les dépenses extraordinaires.

L'effectif moyen de l'armée austro-hongroise était de 350 657 hommes, dont 21 710 officiers et 329 947 sous-officiers et soldats.

La proportion était donc de *62 officiers et 938 sous-officiers et soldats par 1 000 hommes,* chaque homme, y compris les officiers, coûtant en moyenne 1 008 fr. 10 par an.

Le nombre moyen des chevaux était de 58 804, soit *17 chevaux par 100 hommes.*

L'artillerie disposait d'un total de 1 048 pièces, soit *3 pièces par 1 000 hommes.*

Italie. — Le budget militaire italien, après avoir oscillé de *224 millions à 248 millions* de francs, était, en 1903, de *239 millions,* ce qui donne une moyenne de *236 millions et demi,* dont *16 millions* affectés aux dépenses extraordinaires.

L'effectif de l'armée, après avoir varié de 207 088 hommes à 232 162, était, en 1903, de 217 752.

La moyenne était donc de 221 388 hommes, dont 13 656 officiers, et 207 732 sous-officiers et soldats.

On comptait donc *62 officiers et 938 sous-officiers et soldats par 1 000 hommes*, avec une dépense annuelle moyenne, officiers et soldats compris, de *996 fr. 50 par homme.*

La moyenne de l'effectif des chevaux était de 45 695, ou *21 chevaux par 100 hommes.*

L'artillerie italienne comptait 185 batteries de campagne à 4 pièces, 16 batteries de montagne et 6 batteries à cheval à 6 pièces, soit 872 pièces, ou *4 pièces par 1 000 hommes.*

En résumé, sur le *pied de paix*, les forces que les deux alliances pouvaient opposer l'une à l'autre, se présentaient ainsi :

Double-Alliance :	*Triple-Alliance : Allemagne-*
France-Russie.	*Autriche-Hongrie-Italie.*
1.625.525 hommes.	1.172.577 hommes.
305.093 chevaux.	200.857 chevaux.
6.248 canons.	5.367 canons.

Sur le *pied de guerre*, les proportions des forces en présence restaient à peu près les mêmes, car, en utilisant absolument toutes leurs ressources disponibles, les deux « alliances » auraient pu rassembler :

Double-Alliance :	*Triple-Alliance : Allemagne-*
France-Russie.	*Autriche-Hongrie-Italie.*
17.800.000 hommes (1).	18.450.000 hommes.
1.162.000 chevaux.	670.000 chevaux.
11.000 canons.	9.874 canons.

(1) Bien entendu, ces chiffres énormes sont absolument théoriques. En dehors du *déchet* qu'ils éprouveraient dans le cas improbable d'une mobilisation complète, l'armement, l'entretien et la manœuvre de pareilles masses présenteraient des difficultés matérielles insurmontables. Les chiffres que nous donnons ont pour unique but de montrer l'*équivalence* des ressources disponibles.

Même parallélisme pour les deux flottes combinées qui auraient pu être mises en ligne :

Double-Alliance.	*Triple-Alliance.*
869 unités de combat.	720 unités de combat.
124.800 hommes d'équipage.	73.700 hommes d'équipage.
7.437 canons.	5.836 canons.

En examinant de près tous ces chiffres, en analysant la valeur respective des effectifs qu'ils représentaient, on aurait plutôt trouvé un avantage marqué en faveur de la Double-Alliance.

La guerre russo-japonaise a mis fin à cet avantage.

L'appoint considérable que pouvait fournir la Russie à la Double-Alliance n'existe plus. Sa flotte est anéantie, son armée a été désorganisée par la défaite et par les troubles révolutionnaires.

La puissance de l'empire russe se trouve momentanément paralysée, et la situation politique de l'Europe en est profondément affectée.

EN 1906, L'ÉQUILIBRE MILITAIRE DE L'EUROPE N'EXISTE PLUS

Cela ne veut pas dire que la France se trouve désormais réduite à ses seules ressources en présence des forces combinées de l'Allemagne, de l'Autriche-Hongrie et de l'Italie.

Le critique militaire très compétent du *Times* a publié, le 27 décembre 1905, un article remarqué, qui formulait, notamment, ces judicieuses réflexions :

« L'Autriche ne serait nullement compromise dans une guerre où la Russie n'aurait pas de rôle. L'accord austro-allemand visait principalement, sinon exclusivement, la Russie ; dans le cas où une puissance autre que la Russie attaquerait l'Allemagne, l'Autriche est tenue simplement de conserver « une attitude de neutralité bienveillante ».

« L'accord italo-allemand n'est pas encore publié. La fidélité du roi d'Italie envers son allié allemand ne saurait être mise en question ; d'autre part, l'amitié entre le peuple italien, la **France** et l'Angleterre, repose sur l'approbation populaire presque universelle.

« L'inimitié franco-italienne, question à laquelle M. Billot vient de consacrer une œuvre intéressante, est morte et enterrée depuis dix ans, et même un miracle ne saurait la ranimer. Il est tout simplement inconcevable que, à l'heure actuelle, on fasse quoi que ce soit qui tendrait à menacer ces relations cordiales, entre l'Italie d'une part, et la France et l'Angleterre d'autre part, relations qui sont profondément gravées dans les tablettes de l'histoire. »

Donc, si la Russie est paralysée par sa situation intérieure, en revanche, par cela même qu'elle n'intervient pas, l'Autriche-Hongrie reste neutre.

D'autre part, il paraît d'autant plus difficile d'engager l'Italie dans un conflit contre la France, que les relations franco-italiennes sont devenus des plus cordiales, et qu'un pareil conflit affecterait les relations anglo-italiennes, qui ne sont par moins amicales.

Toutefois, comme l'accord italo-allemand oblige vraisemblablement l'Italie à faire cause commune avec l'Allemagne en cas de guerre franco-allemande, cette éventualité doit être envisagée.

Mais, dans ces conditions, il est également vraisemblable que la France pourrait compter sur le concours de l'Angleterre.

En effet, l'Angleterre, dont les intérêts se trouvent directement menacés par la rapide expansion de l'Allemagne dans le domaine de l'industrie, du commerce, de la navigation commerciale, et de la conquête des marchés étrangers, *ne souffrirait pas* (elle l'a hautement proclamé, à maintes reprises, dans ces derniers temps, par la voix de ses hommes d'État de tous les partis, et dans les organes les plus autorisés de l'opinion publique), que la France éprouvât, du fait de l'Allemagne, un amoindrissement quelconque de puissance ou même d'influence.

C'est une parole précise, significative, et qui, dans la pratique, se traduirait par une intervention armée si les circonstances la rendaient nécessaire.

Quelle serait l'efficacité militaire de cette intervention armée?

Sur mer, ce concours serait d'une puissance qu'il est inutile de faire ressortir.

Mais, pour les opérations militaires qui se dérouleraient sur terre, il y a lieu de se demander si l'appoint fourni par l'Angleterre compenserait celui apporté à l'Allemagne par l'Italie.

Théoriquement, l'Angleterre, qui dispose d'un *effectif de paix* de 310 000 hommes et de 46 000 chevaux, peut mettre *sur le pied de guerre* 1 011 000 hommes d'infanterie (738 bataillons), 230 escadrons de cavalerie, et 1 358 canons.

Il est vrai que ce chiffre de 1 011 000 hommes s'applique en partie à des milices principalement destinées à la défense du territoire de la Grande-Bretagne.

Mais, ici encore, il faut se remémorer les événements de la guerre du Transvaal pour se rendre compte de l'effort colossal que l'Angleterre est capable de réaliser lorsque les circonstances l'exigent. Cette guerre difficile, soutenue pendant des années à l'extrémité australe de l'ancien continent, montre, mieux que tout raisonnement et que tout calcul, ce que le gouvernement britannique pourrait accomplir dans une guerre européenne, à proximité de ses arsenaux, s'il le jugeait utile à ses intérêts et au maintien de l'équilibre international.

On a feint de sourire, en Allemagne, du bruit qui courut dans la presse, au début de la querelle suscitée à la France par l'empereur Guillaume II, — bruit d'après lequel l'Angleterre avait offert à la République son concours sous la forme d'un débarquement de troupes dans le Schleswig-Holstein.

Or, des stratégistes très sérieux, qui ont pris la peine d'examiner ce projet, ont déclaré que semblable opération, prenant à revers tout le dispositif de la mobilisation allemande, ne serait nullement négligeable pour le grand état-major, et serait, d'autre part, pour la flotte anglaise, d'une exécution extrêmement aisée.

Quoi qu'il en soit, en tablant sur les chiffres de la guerre sud-africaine, et sur les réformes que les enseignements de cette guerre ont introduites dans l'armée anglaise, voici comment s'établirait, au point de vue des opérations des armées de terre, la balance des forces de la France unie à l'Angleterre, et de l'Allemagne unie à l'Italie.

(Nous négligeons le côté naval, qui donne à la France et à l'Angleterre une supériorité écrasante.)

Forces Anglo-Françaises.	Forces Italo-Allemandes.
Pied de pair.	
020.000 hommes.	879.000 hommes.
196.000 chevaux.	179.000 chevaux.
4.406 canons.	4.316 canons.
Pied de guerre.	
5.811.000 hommes.	11.050.000 hommes (1).
760.000 chevaux.	420.000 chevaux.
7.000 canons.	7.410 canons.

DEUX HOMMES CONTRE UN

Ces chiffres montrent qu'au point de vue des effectifs *sur le pied de paix*, qui sont immédiatement

(1) Nous rappelons que ces chiffres représentent l'absolue totalité des ressources *théoriquement* disponibles, mais qu'un maximum de 3.000.000 d'hommes mobilisés de part et d'autre serait difficilement dépassé.

disponibles au début d'une guerre, l'équilibre se maintient entre les deux groupements, — mais que, si le conflit se prolongeait, la mobilisation peut donner, à la longue, à l'alliance italo-allemande, un nombre d'hommes *double* de celui que pourrait réunir l'alliance anglo-française en épuisant toutes ses ressources.

Ces calculs, le grand état-major allemand a dû les faire, dès que les batailles de Moukden et de Tsou-Shima ont eu mis la Russie dans l'impossibilité d'intervenir en Europe en cas de conflit.

Il a dû se rendre compte que, même si l'Angleterre intervenait, l'Allemagne et l'Italie réunies pourraient, en mobilisant toutes leurs forces, opposer aux Anglo-Français *deux hommes contre un*, et que, par conséquent, *au début de 1906, l'équilibre militaire de l'Europe n'existerait plus.*

Telle paraît être, en effet, la situation, si l'on n'examine que les chiffres bruts que nous venons d'exposer.

Mais, comme nous l'avons déjà fait observer, tous les effectifs alignés sur le papier subiraient une réduction considérable en cas de mobilisation. D'autre part, il y a des limites matérielles qui s'opposent à une mobilisation absolument générale de toutes les ressources disponibles : limites *financières* résultant des frais qui résulteraient de l'incorporation de trop vastes contingents ; — limites imposées par la difficulté d'équiper, d'armer, d'approvisionner, d'encadrer des effectifs hors de proportion avec le matériel disponible dans les magasins et les arsenaux, et avec le nombre des officiers instruits ; — limites du rendement des voies ferrées et du matériel roulant ; — limites *militaires* enfin, résultant de l'impossibilité de manœuvrer de trop grandes masses d'hommes.

Il n'y a pas de mécanisme, quelque parfait qu'on le suppose, qui puisse résister à la surcharge et à la complication que produirait la mise en mouvement d'armées dont les effectifs se chiffreraient, au total, par millions d'hommes.

Le seul problème des approvisionnements, par ses difficultés, suffirait à désorganiser une armée de ce genre.

Il y a donc tout lieu de supposer qu'au début d'une guerre dans les conditions de celle que l'on redoute, les effectifs des armées en présence seraient sensiblement égaux.

Mais la question du nombre des combattants n'est pas la seule à envisager en pareille circonstance : il y a aussi celle de l'armement.

Si celle-ci n'était pas de la plus haute importance, la guerre entre la France et l'Allemagne eût éclaté dès le mois de juin 1905.

Si, à ce moment, l'explosion n'a pas eu lieu, c'est qu'aucun des deux adversaires n'était prêt au point de vue de l'armement.

En France, c'était l'approvisionnement des canons en munitions qui était incomplet.

En Allemagne, c'était l'armement de l'infanterie avec des fusils du dernier modèle 1898, et celui de l'artillerie avec des pièces à affûts automatiques qui n'était pas assez avancé.

C'est ce qui fait que Guillaume II, au lieu de déclarer immédiatement la guerre, malgré tout le désir qu'il en avait, envoya à la France un ultimatum qui permettait de choisir entre la *conférence ou la guerre*, parce qu'il était convaincu que la France accepterait la conférence plutôt que la guerre, ce qui permettrait à l'Allemagne de temporiser et de compléter ses armements.

L'empereur allemand faillit, à cette occasion, avoir une surprise, car si, le 6 juin, le conseil des ministres qui s'était réuni pour délibérer au sujet de l'ultimatum, avait adopté l'avis de M. Delcassé, la guerre éclatait le jour même. L'adversaire aurait été attaqué en pleine période de renouvellement de son matériel de guerre, ce qui aurait pu le mettre en mauvaise posture.

L'insuffisance de l'approvisionnement en munitions pour les canons sur la frontière de l'est obligea le Conseil à opiner pour la conférence.

C'était accorder à l'Allemagne un délai suffisant pour compléter son armement, — avantage que ne compensait pas celui de pouvoir, du côté de la France, parfaire l'approvisionnement en munitions de la frontière.

Ces particularités permettent de comprendre pourquoi l'Allemagne a fait ajourner, une première fois par le sultan du Maroc, une deuxième fois par l'Espagne, cette conférence d'Algésiras qu'elle n'avait si ardemment réclamée que pour gagner du temps.

Or, ces mêmes raisons qui ont empêché le conflit d'éclater en 1905, donnent lieu de craindre qu'il se produira en 1906, lorsque, tant en France qu'en Allemagne, tout sera prêt pour la guerre.

Des deux côtés de la frontière, les foyers des arsenaux rougeoient jour et nuit, achevant l'outillage de la guerre imminente, inévitable.

III

LA GUERRE SERA BRUSQUÉE, RAPIDE

*L'ALLEMAGNE ET LA FRANCE SONT ÉGALEMENT INTÉ-
RESSÉES A « FAIRE VITE ». — LES PREMIERS COUPS
SERONT RAPIDES, DÉCISIFS. — LA MOBILISATION EN
FRANCE ET EN ALLEMAGNE.*

Dès que le grand état-major allemand s'est rendu compte de la situation exceptionnelle que créait en Europe l'éclipse de la puissance russe, et qu'il a résolu d'en profiter pour écraser la France, il s'est convaincu aussitôt de la nécessité de « faire vite », pour plusieurs motifs de la plus haute importance.

En premier lieu, l'impuissance de la Russie n'est que momentanée. Quoi qu'il arrive, ce grand pays se ressaisira et redeviendra l'allié naturel et *effectif* de la France. C'est peut-être une question de mois, — mais c'est peut-être aussi une simple question de quelques semaines, car avec le tempérament spécial des Russes, il faut s'attendre à toutes les surprises.

La Russie redevenue calme et forte, c'est toute agression de l'Allemagne contre la France rendue désormais impossible.

Nous venons de dire que la guerre aurait certainement éclaté dès le printemps de 1905, si les troupes allemandes avaient été suffisamment approvisionnées en fusils du modèle de 1898 et en *canons à affûts automatiques,* et que seule la nécessité de compléter l'armement fit ajourner le conflit ; — mais on s'y prépara fiévreusement, tandis que la diplomatie allemande entretenait soigneusement les difficultés marocaines à l'état chronique, se réservant de les faire passer à l'état aigu dès qu'on serait prêt.

Le second motif de l'état-major allemand pour donner à la guerre une impulsion rapide, c'est que, tout compte fait, la mobilisation française, une fois accomplie, opposerait à l'armée germanique des effectifs considérables, bien armés, bien entraînés, qui pourraient rendre douteuse l'issue du conflit.

C'est là un motif puissant pour envahir brusquement le territoire français, s'efforcer de troubler la mobilisation, et lancer dès le début de grosses masses d'hommes, de façon à remporter d'emblée, par l'écrasement du nombre, des succès décisifs capables de désorganiser et de démoraliser la défense.

Enfin, il existe un troisième motif, qui n'a pas moins d'importance : c'est la situation financière de l'Allemagne. Le « nerf de la guerre » c'est l'argent ! Or, — et nous insisterons particulièrement sur ce point dans un chapitre spécial, — l'Allemagne n'a pas des ressources financières suffisantes pour soutenir un effort prolongé. Il lui faut des victoires rapides, lui permettant d'imposer la paix à bref délai, ou du moins lui ouvrant des crédits qu'elle ne trouverait pas en cas de défaite.

Tout concourt donc à inciter l'Allemagne à brusquer les événements, à *violenter* la victoire !

La France n'est pas moins intéressée à une action précipitée.

Elle l'est, en premier lieu, justement en raison de la hâte que mettra l'Allemagne à obtenir de rapides succès. Elle doit répondre à une attaque furibonde, par une contre-attaque soudaine, acharnée, de façon à déjouer tous les espoirs que fonde l'adversaire sur son invasion en bourrasque du territoire français.

Si, par une offensive foudroyante, elle a la chance de culbuter, dès le début, ceux qui croyaient tout culbuter, elle renverse les situations, oblige à se défendre ceux qui comptaient attaquer, et accule l'Allemagne à cette longue guerre qu'elle redoute parce que ses ressources intérieures ne lui permettent pas de la soutenir, et parce que ses premiers échecs la priveraient de tout crédit à l'étranger.

Une action rapide de l'armée française offre d'autres avantages. Elle donne l'occasion de remporter des succès décisifs avant que l'Allemagne ait pu faire appel aux masses profondes que lui permet de mettre en marche son énorme réserve, et de se battre à effectifs sensiblement égaux, avant que le ban et l'arrière-ban germaniques soient venus opposer aux troupes de la France *deux hommes contre un*.

Enfin, en mettant les choses au pire, c'est-à-dire en admettant que la France, privée de tout concours effectif, même de celui de l'Angleterre, ait à faire face à la fois à l'Allemagne et à l'Italie coalisées, — une offensive brusquée donne à son armée le temps de remporter sur le Rhin des succès suffisants, pour que l'on puisse se borner à masquer provisoirement la frontière des Alpes par des troupes défensives, — que l'on renforcera plus tard, si besoin en est, par des troupes détachées de l'armée du Rhin victorieuse.

Tout commande donc à la France, comme à l'Allemagne, de prendre rapidement l'offensive, et de la pousser avec activité continue, inlassable.

Cela seul est le présage d'une lutte initiale férocement acharnée, parce que les deux adversaires ont la conviction absolue que le résultat final de la guerre dépendra surtout de la célérité, de la violence et du nombre des coups portés dès le début.

L'OFFENSIVE FOUDROYANTE

Ayant conscience des avantages de l'*offensive fou-droyante* au premier signal, le gouvernement alle-lemand n'a rien négligé pour organiser ses armées de façon à les mettre en mesure d'entrer en campa-gne brusquement, du jour au lendemain.

Dans ces conditions, il est bien certain que les Alle-mands chercheront à procéder par surprise et que la prochaine guerre éclatera au moment où l'on y pensera le moins.

La période de tension diplomatique qui permet de se préparer aux premières éventualités, sera vrai-semblablement réduite à sa plus simple expression, c'est-à-dire qu'elle durera vingt-quatre heures à peine, peut-être moins.

L'offensive foudroyante de l'Allemagne est facilitée par la forme de son gouvernement. L'Empereur, chef suprême de l'armée, n'a qu'un ordre télégra-phique à expédier pour « déclancher » le mouvement de la puissante machine de guerre dont il dispose.

Au contraire, le régime politique de la France la met dans l'impossibilité de prévenir l'attaque ennemie.

Le Parlement seul ayant qualité pour déclarer la guerre, il en résultera, irrémédiablement, un retard d'une durée variable dans les opérations militaires.

« L'armée d'une république parlementaire, a-t-on dit avec raison, n'est pas et ne peut être un instru-ment d'offensive » (Général XXX*).

Les conséquences de cette situation au point de vue de la sécurité du pays sont incalculables.

M. le lieutenant-colonel Rousset, ancien professeur à l'École supérieure de guerre, aujourd'hui député. estime que les troupes françaises de couverture res-teront inertes en face de l'ennemi et n'auront la faculté de riposter « que lorsque le Parlement la leur aura donnée. Jusque-là elles seront condamnées à rester l'arme au pied, ou à s'en aller sans coup férir, puisque personne ne sera qualifié pour leur ordonner d'agir. »

M. le général Mercier envisage cette même situation fausse, lorsqu'il demande au pouvoir exécutif de « donner l'ordre bien formel que toute agression sera repoussée par la force à quelque moment qu'elle se produise et sans que le chef de la troupe attaquée soit obligé d'attendre une autorisation supérieure ».

Cette mentalité étonne à bon droit le général Langlois, qui s'écrie :

« Le Parlement déclare la guerre, dit-on ; — mais si l'ennemi viole notre frontière, la guerre est bel et bien déclarée, non par le Parlement, mais par l'adversaire » (1).

L'offensive allemande peut se produire de deux manières.

PREMIÈRE HYPOTHÈSE : OFFENSIVE IMMÉDIATE AVANT LA CONCENTRATION

Dans cette hypothèse, les troupes germaniques de couverture qui stationnent en permanence en Alsace-Lorraine, — avec leur effectif de paix, c'est-à-dire sans avoir été grossies par une mobilisation préalable, sans préparatif apparent, sans déclaration de guerre, envahissent le territoire français, cherchant à entraver la mobilisation de la zone frontière, à refouler les troupes de couverture et à troubler la concentration.

Les uhlans prussiens et les chevau-légers bavarois occupent la gare française de Pagny-sur-Moselle, et filent au grand trot sur Pont-à-Mousson, suivis, à

____

(1) GÉNÉRAL LANGLOIS. La question de Nancy (*Revue politique et littéraire*, 13 janvier 1906).

quelques kilomètres en arrière, par les colonnes d'infanterie du 16e corps prussien, vraisemblablement concentré à l'avance sur les limites du camp retranché de Metz.

Mais, trois heures après que le commandant du 20e corps à Nancy aura été prévenu de l'offensive allemande, la 11e division sera mobilisée.

Simultanément, seront également prêtes à partir la 39e division de Toul, la 40e de Lérouville, Commercy, Saint-Mihiel, et d'autres troupes encore.

La couverture allemande, non encore grossie par la mobilisation, se heurtera donc à la nôtre, avec un effectif un peu supérieur peut-être, mais à une plus grande distance de ses centres de ravitaillement.

Ce procédé d'offensive ne serait pas sans entraîner pour l'ennemi des inconvénients sérieux : le renforcement ultérieur, par la mobilisation, des troupes allemandes lancées en avant, — c'est-à-dire que l'arrivée des réservistes et des chevaux nécessaires pour les compléter, deviendrait difficile et aléatoire.

En tout état de cause, examinons quelles sont les troupes de couverture en présence, de chaque côté de la frontière, et quel rôle elles auraient à jouer (1).

Les troupes françaises *de couverture* stationnées sur la frontière de l'Est sont réparties, en temps de paix, sur les territoires des 6e, 20e et 7e corps.

Les troupes allemandes *de couverture* qui leur sont opposées occupent, dans les mêmes conditions, les territoire des 14e (badois), 15e (Strasbourg), 16e corps (Metz), plus une partie du 8e (Prusse rhénane) et du 2e bavarois.

Ces deux forces se décomposent, sur le *pied de paix*, de la manière suivante :

(1) Pour tout ce qui concerne la préparation à la guerre et les opérations militaires sur la frontière franco-allemande, se reporter à la carte de cette frontière, pages 40 et 41.

France.

90 bat. d'inf. de campagne.....	64.200 hommes.
31 — — de forteresse	12.800 —
15 — de chasseurs à pied....	13.800 —
130 escadrons de cavalerie......	20.700 —
42 batteries d'artillerie à pied..	5.700 —
69 — — montée.	11.300 —
14 — — à cheval.	2.300 —
12 compagnies du génie.......	1.900 —

Au total : { 132.700 hommes. / 30.100 chevaux. / 352 canons.

Allemagne.

123 bat. d'infanterie.............	79.600 hommes.
4 — de chasseurs à pied....	2.800 —
80 escadrons de cavalerie......	11.800 —
52 batteries d'artillerie à pied...	14.000 —
93 — — montée..	11.800 —
9 — — à cheval.	1.200 —
9 — d'obusiers.........	1.100 —
28 compagnies de pionniers....	4.500 —

Au total : { 126.800 hommes. / 20.200 chevaux. / 612 canons. / 54 obusiers.

Voici quelle est la répartition de ces troupes dans les diverses garnisons :

France.

6ᵉ CORPS

Châlons-sur-Marne : 3 bat. d'inf., 5 escadr. de cavalerie, 24 batteries d'artillerie.

Verdun : 5 bat. d'inf., 8 escadr. de cavalerie, 8 batteries d'artillerie, 1 bataillon du génie.

Reims : 5 bat. d'inf., 17 escadrons de cavalerie.

Sedan : 3 bat. d'inf., 10 escadrons de cavalerie.

Saint-Mihiel : 7 bat. d'inf., 4 escadrons de cavalerie.

Bar-le-Duc : 4 bataillons d'infanterie.

Commercy : 3 bat. d'inf., 4 escadrons de cavalerie.

Mézières : 4 bataillons d'infanterie.

Givet : 2 bataillons d'infanterie.
Lérouville : 2 bataillons d'infanterie.
Sainte-Menehould : 5 escadrons de cavalerie.
Épernay : 2 bat. d'inf., 5 escadrons de cavalerie.
Longwy : 1 bataillon d'infanterie.
Rocroy : 1 bataillon d'infanterie.
Sampigny : 4 escadrons de cavalerie.
Sézanne : 3 escadrons de cavalerie.
Stenay : 2 batteries d'artillerie.

7e CORPS

Besançon : 3 bat. d'inf., 24 batteries d'artillerie.
Belfort : 6 bat. d'inf., 5 escadr. de cav., 6 bat. d'art.
Épinal : 6 bat. d'inf., 6 batteries d'artillerie.
Langres : 5 bataillons d'infanterie.
Lons-le-Saulnier : 3 bataillons d'infanterie.
Chaumont : 3 bataillons d'infanterie.
Bourg : 3 bataillons d'infanterie.
Belley : 3 bataillons d'infanterie.
Remiremont : 2 bataillons d'infanterie.
Saint-Dié : 2 bataillons d'infanterie.
Montbéliard : 1 bataillon d'infanterie.
Vesoul : 5 escadrons de cavalerie.
Gray : 5 escadrons de cavalerie.
Lure : 5 escadrons de cavalerie.
Dôle : 5 escadrons de cavalerie.

20e CORPS

Nancy : 12 bat. d'inf., 4 escadr. de cav., 24 bat. d'art.
Toul : 14 bat., d'inf., 1 bat. du génie, 6 bat. d'art.
Lunéville : 1 bat. d'inf., 16 escadrons de cavalerie.
Neufchâteau : 1 bat. d'inf., 5 escadrons de cavalerie.
St-Nicolas-du-Port : 1 bataillon d'infanterie.
Rambervilliers : 1 bataillon d'infanterie.
Baccarat : 1 bataillon d'infanterie.
Troyes : 1 bataillon d'infanterie.
Pont-à-Mousson : 4 escadrons de cavalerie.
Vitry-le-François : 4 escadrons de cavalerie.

Allemagne.

14e CORPS.

Colmar : 4 bat. d'inf., 5 escadrons de cavalerie, 1 batterie de
    mitrailleuses.
Mulhouse : 5 bat. d'inf., 5 escadrons de cavalerie.

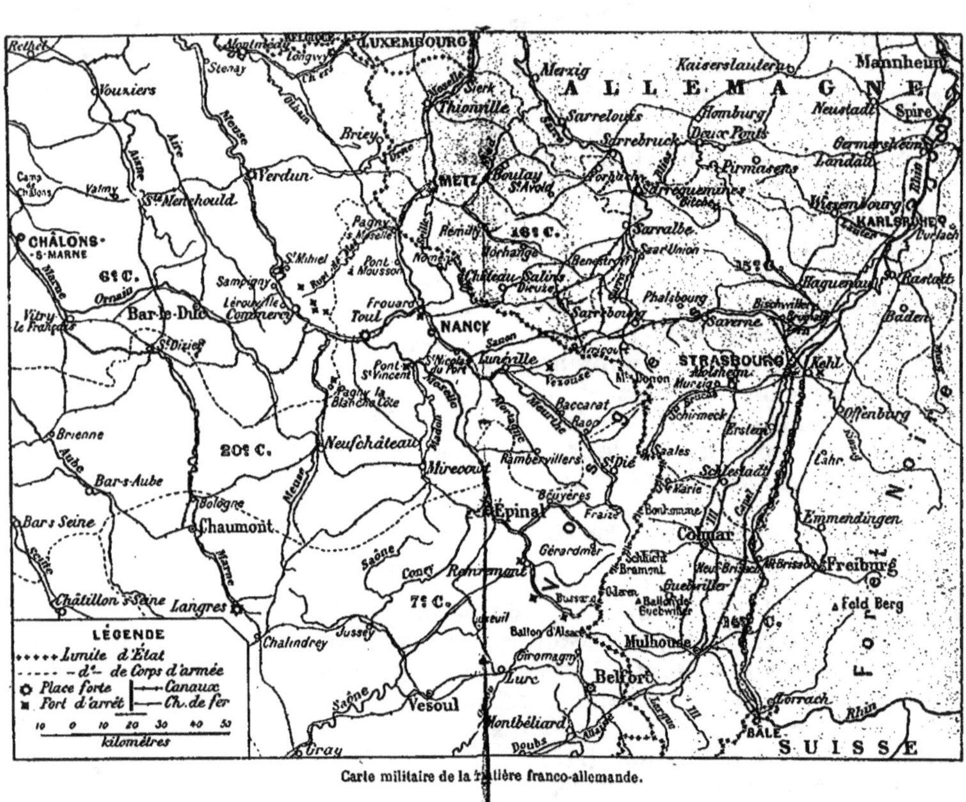

Carte militaire de la frontière franco-allemande.

Neufbrisach : 1 bataillon d'infanterie.
Schlestadt : 1 bat. d'inf., 1 batterie de mitrailleuses.

15e CORPS

Strasbourg : 24 bat. d'inf., 6 escadrons de cavalerie, 17 batteries
   d'artillerie, 3 bataillons du génie.
Manheim : 1 bataillon d'infanterie.
Sarrebourg : 3 bat. d'inf., 10 esc. de cav., 5 bat. d'art.
Dieuze : 3 bataillons d'infanterie.
Saverne : 2 bataillons d'infanterie.
Phalsbourg : 1 bataillon d'infanterie.
Wissembourg : 6 bataillons d'infanterie.
Haguenau : 6 bat. d'inf., 5 esc. de cav., 9 bat. d'art.
Bitche : 2 bat. d'inf., 2 batteries de mitrailleuses.

16e CORPS

Metz : 33 bat. d'inf., 10 esc. de cav., 27 bat. d'art., dont une
   de mitrailleuses et 2 bataillons de génie.
Mohrange : 15 bataillons d'infanterie.
Thionville : 6 bat. d'inf., 5 escadrons de cavalerie.
St-Avold : 3 bat. d'inf., 5 escadr. de cav., 6 bat. d'art.

Une petite fraction de ces forces sera spécialement affectée, au début des hostilités, à la défense de première heure, dans la zone confinant à la frontière, des camps retranchés, places fortes et forts d'arrêt.

En France, ce rôle sera rempli par les 31 bataillons d'infanterie de forteresse, les 42 batteries d'artillerie à pied, et par 4 compagnies du génie, ce qui constitue une garde de 19 100 hommes. Bien entendu, la mobilisation des réservistes et des territoriaux viendra grossir considérablement ces effectifs, et pourra même permettre, le cas échéant, de remplacer, dans la fonction de garde, les troupes du pied de paix, de façon à utiliser celles-ci pour le renforcement des forces de campagne.

Du côté allemand, où l'on escompte l'offensive immédiate et triomphante, on suppose que les places fortes ne seront jamais sérieusement attaquées. En dehors des camps retranchés de Metz et de Strasbourg, qui sont capables de supporter de longs sièges, les autres places ont été simplement mises en mesure de résister à une attaque imprévue.

Il n'y a donc pas d'infanterie de forteresse. En attendant l'arrivée des réserves, les 52 batteries d'artillerie à pied, secondées par 14 compagnies de pionniers, suffiront à garder les places-frontières, avec un effectif de 18 200 hommes.

Déduction faite de ces deux fractions, il reste donc pour les troupes de couverture proprement dites, appelées à jouer un rôle actif en campagne :

Du côté français.	*Du côté allemand.*
113.600 hommes.	108.200 hommes.
29.700 chevaux.	20.100 chevaux.
352 canons.	612 canons.
	54 obusiers.

Ces chiffres, pour être appréciés à leur juste valeur, ont besoin d'être analysés.

Ainsi, les fonctions des troupes de couverture étant, d'une part, de protéger la mobilisation et la concentration des armées qui se forment derrière elles ; — d'autre part, de se porter rapidement de l'autre côté de la frontière, pour entraver, si possible, la mobilisation, la concentration et les premières opérations de l'ennemi, et, en tout cas, pour se renseigner sur les dispositions de ce dernier, — on voit que la cavalerie joue, dès le début, un rôle prééminent.

Or, sous ce rapport, la France dispose de 130 escadrons contre les 80 escadrons de l'Allemagne, de 20 700 hommes contre 11 800. La supériorité de sa cavalerie, pour les services de protection et de reconnaissances, est donc évidente.

Mais, à l'abri de ces rideaux très mobiles, s'avancent l'infanterie et l'artillerie des deux armées.

Ici, à ne considérer que les chiffres, la France se

trouve dans un état d'infériorité vis-à-vis de son adversaire, puisqu'elle n'a, dès le début, que 78 000 fantassins à opposer aux 82 400 fantassins allemands, et 352 canons contre 612 canons et 54 obusiers.

Mais il faut voir ce qu'il y a derrière les chiffres.

Parmi les fantassins, les chasseurs à pied, troupe possédant des qualités supérieures de mobilité et de souplesse, sont au nombre de 13 800 du côté français, de 2 800 seulement du côté allemand. Cela donne à une partie de l'infanterie française des qualités manœuvrières qui ne sont pas à négliger.

Quant au chiffre des canons, il constitue un trompe-l'œil dont il importe de ne pas être dupe, car l'artillerie agit moins par le nombre des pièces en batterie, que par la quantité de projectiles qu'elle peut faire arriver sur un même point dans l'unité de temps.

Or, les batteries françaises sont approvisionnées, en marche, de 312 coups pour la pièce de 75, de 142 coups par pièce de 80, — tandis que l'artillerie allemande ne dispose que de 130 coups par canon et de 87 coups par obusier.

En second lieu, les pièces allemandes tirent 8 coups au plus par minute, tandis que l'artillerie française, en donnant le maximum, peut atteindre 24 coups à la minute avec la pièce de 75, et 11 coups par minute avec la pièce de 80.

Admettons l'hypothèse où *toutes* les pièces allemandes tireraient en même temps que toutes les pièces françaises. Leur rendement total ne serait que de 5 183 projectiles par minute, contre 7 063.

Il est vrai que l'approvisionnement français en munitions de *marche* serait épuisé en 13 minutes, tandis que les Allemands pourait tenir pendant 16 minutes et 15 secondes. Mais si les batteries françaises voulaient tenir pendant le même temps, elles pourraient encore lancer 1947 projectiles de plus par minute que les batteries allemandes.

C'est cette énorme consommation de projectiles par les armes à tir rapide employées dans les guerres modernes qui a fait dire au général Langlois :

« Le point essentiel, celui qui domine toute la question de préparation matérielle à la guerre, est la quotité de l'approvisionnement en munitions. »

Cette considération si importante explique ce qui s'est passé au mois de juin 1905, alors que le gouvernement français se trouva en présence de cet ultimatum :

— *La Conférence ou la Guerre !*

Par la plus criminelle des négligences, l'armement et les approvisionnements des forts de première ligne étaient très au-dessous de ce qu'ils auraient dû être. Tout au plus si les batteries de campagne et les parcs de corps d'armée disposaient de 500 coups par pièce, c'est-à-dire, à peine la consommation d'obus de deux batailles. Or, il n'y avait rien, ou presque rien comme approvisionnement des grands parcs d'artillerie d'armée chargés de recompléter les coffres de première ligne, et l'on se demandait avec anxiété si le temps matériel ne ferait pas défaut pour la fabrication des obus de tout calibre.

A l'heure actuelle, le mal est réparé, tout au moins en ce qui concerne les munitions. Les batteries ont des approvisionnements suffisants *pour les premières semaines de la campagne*, et la fabrication du surplus nécessaire en cas de guerre est largement assurée. Les pièces des forts ont leur approvisionnement réglementaire. En un mot, maintenant, nous sommes prêts!

Cette situation permet à la France, dans le cas d'une offensive immédiate, d'envisager les éventualités avec confiance, puisque, pour y répondre, elle dispose d'une cavalerie très supérieure en nombre, d'une infanterie très mobile, enfin d'une artillerie dont la rapidité balistique dépasse de 37,5 p. 100 celle de

3.

l'adversaire, et cela avec les seules ressources du temps de paix dont elle dispose sur la frontière.

Mais, en outre, dès le premier jour de la mobilisation, ses effectifs en hommes se trouveraient augmentés, sur place, d'environ un tiers, appoint considérable, étant données les circonstances dans lesquelles il viendrait s'ajouter à l'effectif de paix.

DEUXIÈME HYPOTHÈSE : OFFENSIVE DIFFÉRÉE APRÈS LA CONCENTRATION

Les Allemands peuvent aussi se borner à couvrir défensivement leur frontière, au moyen de leurs troupes de couverture, — et ne passer à une brusque offensive qu'après la mobilisation et la concentration complète de leurs armées.

Or, l'Allemagne est en état de lancer contre la France une masse de *quinze cent mille combattants*, tout en conservant momentanément *un million d'hommes* disponibles comme troupes de forteresse, de garnison et de remplacement.

Elle n'a pas, en effet, pour le moment du moins, à se préoccuper d'une diversion possible de la part de la Russie, et elle affecte de ne pas redouter beaucoup une intervention armée de l'Angleterre sur les côtes du Schleswig.

Pour elle, la question prédominante, c'est celle du minimum de temps qu'elle emploiera à effectuer ses transports stratégiques.

Certes, le maréchal de Moltke, en prévision d'une guerre future, a eu le soin, en 1871, de dessiner la frontière en lui donnant une forme enveloppante qui favorise la concentration allemande.

D'autre part, sur ce « glacis de l'empire », la prévoyance du grand état-major a préparé de longue date, aux armées allemandes, des points de concentration jalonnés par d'innombrables quais de débarquement, si bien que toute cette région ne forme plus, en quelque sorte, *qu'une seule gare* aux proportions colossales.

Dès 1897, on calculait qu'à raison de 400 trains par 24 heures, 5 jours suffiraient pour le transport en Alsace-Lorraine de 17 corps d'armée à 2 divisions, de telle sorte que la concentration serait terminée le neuvième jour au matin.

Aujourd'hui, avec les masses à transporter, ces calculs ne sont plus exacts.

L'examen du réseau ferré allemand engendre la conviction que le nombre de « lignes de marche » utilisables pour déboucher en Alsace-Lorraine est trop restreint pour que la concentration des masses germaniques puisse s'effectuer en huit jours au *minimum*. Or, comme il faut encore ajouter à ces huit jours les quatre jours nécessaires pour la mobilisation proprement dite, il faudra douze jours au moins pour l'opération totale. M. le général Langlois table sur deux semaines environ.

Certes, pendant ce temps, la France mobilise et concentre aussi ses armées, mais toujours avec le retard initial dû à la nécessité de l'intervention du Parlement dans le départ de l'ordre de mobilisation.

Par suite, les Allemands sont les premiers prêts à marcher en avant, et peuvent surprendre les armées françaises en pleine période de concentration, à moins que, pour éviter semblable éventualité, on effectue cette concentration à une distance suffisante de la frontière pour qu'elle ne puisse être troublée.

Mais, dans ces conjonctures, que va-t-il se passer dans la région comprise entre la frontière et la zone de concentration ?

Ce problème soulève une question qui a fait couler des flots d'encre, la « question de Nancy », que nous allons maintenant examiner.

IV

LA QUESTION DE NANCY

Le 19 décembre 1905, M. le général de division Langlois terminait une de ses remarquables études militaires publiées dans le *Temps*, sur « La Crise de la Fortification », par la conclusion suivante :

« La question de la mise en état de défense de Nancy a été si complètement traitée par nombre d'écrivains militaires que je m'abstiens d'y revenir ici. Le général de Négrier, entre autres, a fait paraître il y a quelques années dans la *Revue des Deux Mondes*, sous l'anonymat XXX*, une étude remarquable sur ce sujet. Sa conclusion s'impose : ce serait une lourde faute de fortifier Nancy, aussi bien au point de vue de la défense de la France que dans l'intérêt de la ville elle-même.

« Par contre, il est indispensable de préparer l'opinion publique à ne voir dans l'occupation de Nancy, le cas échéant, qu'un incident sans aucune gravité. Cela doit entrer dans les prévisions et ne causer aucune émotion. Nous faisons appel à la presse pour faire pénétrer profondément cette idée dans l'esprit de nos populations. »

Il reprenait la même thèse, le 13 janvier 1906, dans un article particulièrement consacré à la « question de Nancy » dans la *Revue politique et littéraire*.

Cet avis, très autorisé, d'un ancien membre du

Conseil supérieur de la guerre, d'un commandant probable d'une armée en temps de guerre, s'appuyant sur celui du général de Négrier, émut vivement l'opinion publique, — surtout en raison de l'état d'esprit qui faisait considérer la guerre comme imminente, — et il fut très discuté par les écrivains militaires.

Eh quoi ! disait-on, la France aurait dépensé, depuis 1871, une vingtaine de milliards pour la constitution et l'entretien d'une armée nationale, plus d'un milliard pour la construction et le remaniement de ses forteresses, — et cet effort énorme n'aboutirait, à l'heure du danger, qu'à l'évacuation, sans combat sérieux, de la zone frontière assignée en temps de paix comme garnison aux troupes de couverture.

L'idée de laisser entrer en France, comme en 1870, les premières troupes de l'agresseur sans leur disputer le terrain pied à pied, — la résolution d'abandonner les positions sur lesquelles, depuis vingt ans, on ne cesse de construire des emplacements de batteries, de prévoir ou de piqueter des ouvrages de campagne, semblaient, à beaucoup, trop résignée.

Il s'agit, en effet, en ce qui concerne plus particulièrement Nancy, d'une superbe cité, d'environ 100 000 habitants, devenue, depuis la perte de Strasbourg et de Metz, la métropole à la fois industrielle, commerciale, intellectuelle et militaire de la région du nord-est, — c'est-à-dire, un « grand centre » qui, depuis la guerre, a acquis une importance morale égale, sinon supérieure, à son importance économique.

Or Nancy, situé, à l'extrême frontière, à portée des premières entreprises de l'ennemi, est néanmoins resté ville ouverte, après comme avant 1870.

Cependant, la capitale de la Lorraine se prête admirablement, par son *site*, à l'établissement d'un vaste camp retranché. A 10 ou 12 kilomètres en avant se développe en demi-cercle, face au nord-est, une série de positions exceptionnellement favorables au point de vue stratégique et tactique, désignées, dans toutes les géographies militaires, sous le nom de « Couronné de Nancy ».

Aussi, a-t-on songé, à plusieurs reprises, à utiliser ces positions magnifiques. Déjà, sous la Restauration, la grande commission de défense de 1818, qui se composait de vétérans des grandes guerres de la Révolution et de l'Empire, avait proposé de faire de Nancy une grande place de guerre qui, bien que située alors en seconde ligne (et aussi pour cette raison même), lui paraissait bien plus apte que Strasbourg et que Metz à devenir le boulevard de la France du côté de l'Allemagne.

Remis à l'étude sous la monarchie de Juillet, puis sous le second Empire, le projet fut de nouveau ajourné, vraisemblablement parce que l'on recula devant le chiffre de la dépense, et l'on crut suppléer à l'évidente lacune qu'il tendait à combler par une vague organisation défensive de la vallée de la Seille, dont la guerre franco-allemande devait trop bien mettre en lumière l'insuffisance et les défectuosités.

Après le traité de Francfort, les travaux de la commission de 1818 furent exhumés et grandement mis à profit par le général Séré de Rivières. Mais, en ce qui concernait Nancy, le point le plus important peut-être, il ne parut pas possible de mettre à exécution le programme des généraux Haxo et Poitevin de Maureilhan.

C'était le temps où l'on se fut exposé, en fortifiant Nancy, à mécontenter l'Allemagne, et à remettre en question, peut-être, l'existence nationale de la France.

Voilà comment Toul, incontestablement plus mal situé (mais, par cela même, moins directement menaçant pour la nouvelle frontière, et où, d'ailleurs, tout n'était pas à créer), prit la place qui eût dû revenir à son chef-lieu dans le nouveau système de défense.

En 1880, les circonstances s'étant heureusement modifiées, on s'occupa sérieusement des fortifications de Nancy. On acheta une partie des terrains destinés aux nouveaux ouvrages et l'on y commença les travaux de nivellement préliminaires. Mais bientôt tout fut abandonné, par suite d'un revirement d'idées survenu à Paris. L'œuvre dont tous les militaires appelaient naguère de leurs vœux la réalisation ne paraissait plus à beaucoup d'entre eux aussi utile, et d'aucuns même en étaient venus à la juger dangereuse. Le duc d'Aumale, alors membre du Conseil supérieur de la guerre, disait :

— Nous avons assez souffert de la *maladie de la pierre !*

Et ce fut la réponse que l'on fit toutes les fois que la « question de Nancy » fut remise sur le tapis.

Au fond, à l'heure actuelle, on est convaincu que cette critique, fondée lorsqu'elle s'adresse à des forteresses mal ou médiocrement situées, n'était pas applicable à Nancy, qui réunit, au contraire, tous les avantages du camp retranché le mieux placé, le mieux adapté au rôle qu'il est appelé à remplir, — en un mot, du camp retranché « idéal ».

C'est au point que l'on a pu soutenir que s'il y avait table rase et que tout fût à refaire, on agirait sagement en se contentant de fortifier uniquement Nancy dans la région du nord-est tout entière, et qu'un éminent écrivain militaire, M. G. Gilbert, n'a pas craint de réclamer le déclassement de Toul, Verdun, Épinal et autres *fausses défenses* de la prétendue « barrière de fer », que Nancy fortifié remplacerait avantageusement à lui tout seul.

Seulement, ces transformations auraient dû être accomplies il y a vingt-cinq ans.

Aujourd'hui, comme le fait remarquer le général

H. Langlois, la question de *temps* prime tout.

« Si la guerre doit éclater, dit-il (1), il est probable que ce sera dans un avenir prochain. En effet, d'une part, l'Angleterre a intérêt à ne pas laisser s'accroître la marine militaire rivale ; d'autre part, après nous avoir réveillés (en juin 1905), de l'apathie dans laquelle nous avait endormis le ministère de la délation, les Allemands doivent bien comprendre que le temps est un facteur tout en notre faveur, car il nous permet, chaque jour un peu mieux, de réparer les fautes d'antan.

« Nancy serait-il prêt au moment opportun et ne risquerions-nous pas d'avoir la guerre, alors que cette ville serait incomplètement armée et Toul déjà désorganisé? La faute initiale parait irrémédiable, mais elle n'a pas les conséquences particulièrement graves que l'on se plait à envisager quelquefois. »

NANCY A-T-IL L'IMPORTANCE QU'ON LUI ATTRIBUE ?

Le premier objectif de l'offensive allemande, nous dit-on, sera Nancy, qui, resté ville ouverte, peut être au pouvoir de l'ennemi le jour même, sinon *la veille* de la déclaration de guerre, puisqu'une faible étape à peine le sépare des points de concentration de l'ennemi.

Or, l'occupation de cette ville riche et populeuse fait tomber immédiatement entre les mains de l'adversaire d'immenses ressources de tout genre, et produit un effet moral incalculable.

Ces diverses affirmations méritent d'être discutées.

Et tout d'abord, il ne faut pas s'exagérer l'importance des ressources matérielles que présente Nancy.

(1) GÉNÉRAL H. LANGLOIS, La question de Nancy (*Revue politique et littéraire*, 13 janvier 1906).

Une grande ville offre surtout des ressources pécuniaires, mais ses usines tirent tout du dehors.

Supposons Nancy fortifié, cela n'empêcherait pas l'ennemi d'occuper une certaine bande de territoire en dehors du rayon d'action de la place, qui s'étendrait, au maximum, à seize kilomètres, et de profiter des ressources qui s'y trouvent, chevaux, voitures, denrées, usines, mines, etc. Cela est d'une bien plus grande importance que tout ce que l'on peut tirer de Nancy même, c'est-à-dire peu de chose, en dehors d'une contribution de guerre.

Dans le même ordre d'idées, il est facile de voir que Nancy, transformé en camp retranché, n'empêcherait pas l'occupation par l'envahisseur de grosses localités, chefs-lieux d'arrondissements ou de cantons, comme Briey, Conflans, Chambley, Thiaucourt, Pont-à-Mousson, Nomeny, Blamont, Cirey, Badonviller, etc.

Enfin, au point de vue de l'effet moral, l'occupation de Nancy par les Allemands n'aurait que peu de portée, si cet événement *était prévu*.

« C'est à cela, dit le général H. Langlois, que nous devons nous appliquer; et l'on peut affirmer que, déjà, cet incident possible, si redouté hier, commence à être considéré, dans le public, avec calme et sang-froid. »

D'ailleurs, lorsqu'on parle si facilement de l'occupation de Nancy par les Allemands, on paraît admettre que la ville sera évacuée sans combat, ce qui, aux yeux de beaucoup de militaires compétents, serait le parti le plus sage.

Cette opinion s'appuie sur les considérations suivantes :

Si l'on défend Nancy, — cet emploi des meilleures troupes dites « de couverture » mérite, au premier chef, la principale critique adressée aux forteresses : celle d'immobiliser pour leur défense des troupes que l'on pourrait employer beaucoup mieux en rase campagne.

On craint, en outre, que les troupes françaises, une fois accrochées devant Nancy, tiennent jusqu'à la dernière extrémité ; qu'elles appellent hâtivement en renfort les corps de l'intérieur débarqués sur le Madon et la Moselle, et que l'action d'avant-garde se transforme en bataille décisive sur la Meurthe. Le généralissime se trouverait ainsi lié par les premières opérations des troupes de couverture, et devrait jouer une partie suprême sur un terrain qu'il n'aurait peut-être pas choisi s'il avait pu disposer du temps et de l'espace.

Il est visible qu'entre les deux alternatives que suppose cette hypothèse : l'évacuation sans coup férir, — la défense à outrance, — il y a place pour un moyen terme, c'est-à-dire pour la *bonne manière* dont Nancy doit être défendu.

Comment Nancy doit être défendu.

En somme, Nancy constitue, sur la frontière, l'un des points de la zone de territoire, de 15 à 20 kilomètres de largeur, dans laquelle opéreront les troupes françaises de couverture, en vue de protéger la mobilisation et la concentration des armées qui se feront en arrière.

Toute cette zone frontière, que l'offensive ennemie soit immédiate ou qu'elle soit différée jusqu'après la concentration des armées allemandes, est exposée à l'envahissement, en raison de l'avance que, dans l'un et l'autre cas, l'Allemagne possède sur la France.

Dans cette bande du territoire français, les opérations de la mobilisation seraient compromises par l'occupation ennemie : les réservistes rejoindraient difficilement leur corps et la réquisition des chevaux serait impossible.

« Voilà certes, dit le général Langlois, ce qu'il y a de plus grave dans la situation que nous fait notre constitution ; pourtant, c'est à peine si l'opinion publique, hypnotisée par Nancy, s'en préoccupe. »

C'est à cette situation que doivent s'opposer, dans la plus large mesure possible, les troupes de couverture, en protégeant la mobilisation locale, et pour cela, en tenant, le plus longtemps possible, sur les positions limitrophes de la frontière.

A ce point de vue, il importe de défendre Nancy, comme position d'arrêt, au même titre que la forêt de Haye, entre Nancy et Toul, plateau boisé dont le camp retranché tire presque uniquement sa valeur.

Les troupes mobiles de Toul occuperont nécessairement ce massif de Haye, dont les Allemands auront le plus grand intérêt à s'emparer. Si Nancy était évacué, rien ne leur serait plus facile, pour battre le plateau de Haye, que d'installer leurs batteries sur le plateau de Malzéville. Les faubourgs de Nancy constituent d'excellentes approches, face au plateau, pour prendre pied dans la forêt de Haye. Toute la partie ouest de la capitale lorraine se trouverait donc en plein champ de bataille.

Son évacuation ne lui aurait pas épargné les horreurs de la guerre et n'aurait eu pour résultat que de faciliter aux Allemands l'attaque du massif de Haye.

Il faut donc défendre Nancy. Il importe même, afin de rendre sa défense plus efficace et plus prolongée, de l'entourer, dès maintenant, d'ouvrages de fortification passagère.

Les procédés de la fortification passagère fournissent, de nos jours, de puissants moyens de créer rapidement une place forte momentanée presque aussi résistante qu'un camp retranché permanent.

Pour cela, il suffit d'énormes approvisionnements de piquets, de fil de fer et de ronce artificielle, en des points choisis, — on les connaît bien à Nancy, — et d'avoir des outils de terrassier en quantité suffisante pour faire remuer la terre, le cas échéant, à tous les habitants valides de la banlieue nancéienne.

Des ouvrages de fortification passagère, construits sur les points où devaient s'élever, il y a vingt ans, les forts permanents, et protégés par de larges réseaux de fil de fer, arrêteraient longtemps l'agresseur, ses effectifs fussent-ils très supérieurs à ceux de la défense. L'infanterie ne passe pas dans les fils de fer ; l'artillerie ne peut les détruire suffisamment pour faire brèche ; quant à l'attaque de nuit, elle est déjouée par la lumière des projecteurs électriques.

A Port-Arthur, la défense a fait un très large emploi des réseaux de fil de fer, et cela avec un très grand succès. Jamais les Japonais n'ont pu franchir ces obstacles, où ils étaient décimés par le feu des assiégés, et ils ont dû renoncer à l'attaque de vive force des ouvrages ainsi protégés.

L'essentiel, c'est que ces moyens de défense, peu coûteux, soient préparés à l'avance. Une partie au moins des piquets pourrait être plantée tout de suite. Ce n'est pas lorsque l'ennemi franchira la Seille qu'il sera temps d'aviser.

Nancy, même dans les conditions actuelles, est donc très défendable.

L'important, c'est de ne pas pousser cette défense au delà de ce qui est nécessaire pour arrêter l'ennemi pendant quelque temps, et, en tout cas, de ne pas la prolonger plus longtemps que ne pourront la soutenir les troupes de première ligne, — car il ne faut, à aucun prix, faire intervenir pour la défense de Nancy, d'autre motif que la couverture de la mobilisation et la concentration.

Au moment psychologique où les défenseurs de Nancy ne pourront plus rester à leur poste sans risquer d'être écrasés, ou enveloppés et contraints de se rendre, — Nancy devra être évacué sans délai et sans aucune préoccupation de l'effet produit.

Les troupes de Nancy sont des troupes *de couverture*.

Or, le rôle des troupes de couverture est de se replier en combattant.

« Ce rôle est si bien compris, dit le général Langlois, même par le public non initié, qu'après la bataille du Yalou, les personnes les moins compétentes ont reconnu la faute commise par les Russes de s'être fait battre à fond, au lieu d'avoir forcé l'adversaire à des prises de contact répétées, à des déploiements multiples qui l'eussent considérablement ralenti. La couverture doit se replier sous une pression trop énergique, comme des avant-postes, dont elle remplit plus en grand la fonction. »

Notre conclusion est celle-ci :

L'armée de deuxième ligne ne doit, d'aucune façon, se préoccuper de Nancy, sauf dans la mesure où ce point joue un rôle dans les conceptions stratégiques du généralissime.

Les troupes de couverture doivent prendre des mesures *générales* pour rétrécir le plus possible la zone frontière, dans laquelle l'envahisseur pourrait entraver la mobilisation et trouver des ressources précieuses. Cette question, comme le fait remarquer le général Langlois, prime celle de Nancy, et l'englobe.

En effet, Nancy peut être un point d'appui pour les troupes de couverture. Mais, il ne doit être rien de plus, et ne pas exercer une influence perturbatrice sur leurs opérations. Nancy doit aider à la défense, mais rien ne doit être sacrifié à la défense de Nancy.

« Il importe donc à tout prix, dit le général Langlois, de faire pénétrer dans tous les esprits cette conviction profonde que l'occupation de Nancy par l'ennemi n'a aucune importance. « Il ne faut pas que la Nation crie à la trahison si Nancy est pris. » (Messimy).

V

L'ORDRE DE MOBILISATION

AU BOUT DE TROIS HEURES, L'ARMÉE ACTIVE EST EN MARCHE VERS LA FRONTIÈRE. — LA MOBILISATION DES RÉSERVISTES ET DES TERRITORIAUX. — LES RÉQUISITIONS DES CHEVAUX ET DES VÉHICULES. — LA CONCENTRATION A LA FRONTIÈRE.

Ce jour-là, comme tous les autres jours, le réveil sonne à cinq heures du matin, dans les casernes d'infanterie et dans les quartiers de cavalerie et d'artillerie, — mais il fait entendre les « quatre appels ».

— Tout le monde en bas ! commandent les caporaux et les brigadiers.

On croit à une inspection générale.

C'est l'ordre de mobilisation que le ministre de la guerre vient de lancer par un télégramme, qui ne contient, outre la date, que ces trois mots magiques :

« ORDRE DE MOBILISATION »

Ce simple télégramme constitue l' « ordre de la brigade » que le fourrier lit aux hommes.

Dans trois heures, le régiment devra se mettre en marche vers la frontière !

Comme toutes les mesures préparatoires à cette minute suprême de l'alerte ont été prises aussi complètement que possible et de longue date, dès le temps de paix, il suffit de deux heures pour que tous les effets inutiles aient été rendus.

Les paquetages des cavaliers sont faits. Les sacoches renferment les objets de pansage et les petits vivres de campagne. Armes et munitions sont prêtes à servir, en bon état, au grand complet.

Les cavaliers sont en selle, au port du sabre, les fantassins en ligne, l'arme au pied.

Oh! la minute poignante que celle où le colonel présente aux troupes l'étendard, en le saluant de l'épée.

Le cri de : *Vive la France !* jaillit impétueusement de toutes les poitrines, et déjà, trois heures après la réception de l'ordre de mobilisation, *cinq cent mille hommes* s'acheminent vers la frontière, tellement tout a été prévu pour que l'armée active puisse passer instantanément du pied de paix au pied de guerre.

La mobilisation sur la frontière.

Dès l'aube du premier jour de la mobilisation, tous les hommes valides de la frontière de l'est, se hâtent de se rendre dans les forteresses qui leur ont été assignées d'avance, et où tout est prévu pour les incorporer immédiatement.

Sous la protection des masses de cavalerie de couverture, ils rejoignent leurs postes respectifs dans les places fortes qui s'échelonnent tout le long de la frontière, depuis Belfort jusqu'à Verdun.

Le soir du premier jour de la mobilisation, dans les villages lorrains où l'ennemi aura pu pénétrer, il ne trouvera plus un seul homme en état de porter les armes.

La mobilisation dans le reste de la France.

Pendant que l'armée active va prendre le contact avec l'ennemi, l'armée de seconde ligne commence à se former.

L'ordre de mobilisation appelle la réserve sous les drapeaux.

Le télégramme du ministre de la guerre (trois mots brefs et la date) est affiché à la porte des mairies.

Chaque brigade de gendarmerie possède, préparés à l'avance, les lots d'affiches explicatives destinées aux communes.

Ces paquets sont défaits, et sur chacune des affiches, le chef de la brigade ajoute la date du premier jour de la mobilisation, avant de la faire parvenir aux maires.

Dans les vingt-quatre heures, toute la France se préparera à la guerre.

Les grandes affiches blanches, en tête desquelles se trouvent deux drapeaux tricolores croisés, indiquent à chacun son devoir.

En cas de doute, on se rend dans les mairies, pour y prendre connaissance des dernières instructions reçues de la capitale.

Mais les réservistes appelés à se mettre en marche savent tous à quoi s'en tenir. Ils n'ont qu'à se conformer strictement aux indications de leur livret individuel ou de leur récipissé de livret, sans autre notification, et à se rendre au bureau de recrutement qui leur est assigné, ou à prendre le chemin de fer qui les amène gratuitement à leur poste.

Les casernes, les quartiers, qui sont restés presque déserts pendant les quelques heures qui ont suivi le départ des troupes actives, se remplissent de nouveau.

Les compagnies, les escadrons et les batteries de dépôt reçoivent les réservistes au fur et à mesure que ceux-ci arrivent. Après la visite médicale, ils sont habillés, armés.

Pendant ce temps a lieu la réquisition des chevaux et des voitures.

En effet, l'effectif du pied de paix des chevaux et

mulets de l'armée française, qui est d'environ 150 000 animaux, a besoin d'être à peu près doublé pour les services de la mobilisation.

Or, le nombre d'animaux susceptible d'assurer ces services qui existent en France est largement suffisant pour fournir les compléments nécessaires, puisque les statistiques accusent un chiffre de près de *3 millions* de chevaux.

Pour que le complètement des corps et services de l'armée puisse se faire rapidement au moment de la mobilisation, cette opération a été préparée, dès le temps de paix, jusque dans ses plus infimes détails.

Tous les ans, le 1ᵉʳ janvier, tous les propriétaires de chevaux, juments, mulets et mules, sont tenus d'en faire la déclaration à leur mairie respective, en donnant le signalement de l'animal et en indiquant l'âge qu'il aura dans l'année qui va s'ouvrir.

De même, tous les trois ans, avant le 16 janvier, a lieu, dans chaque commune, le recensement des véhicules attelés autres que ceux qui sont exclusivement affectés au transport des personnes.

Une Commission, composée d'un officier, d'un membre civil et d'un vétérinaire militaire ou civil, classe les chevaux et mulets présentés dans l'une des catégories correspondant aux divers services de l'armée : selle, trait ou bât.

Dès le début de la mobilisation, la Commission de réquisition commence à fonctionner.

Les propriétaires de chevaux, de mulets et de voitures attelées les conduisent au chef-lieu de réquisition.

La commission fait le choix des bêtes et des véhicules qui sont nécessaires pour le service, et remet pour chaque objet désigné un *bulletin de réquisition* au moyen duquel les propriétaires pourront toucher, dans un délai de quinze à vingt jours, l'indemnité qui leur est allouée, d'après un prix déterminé d'avance pour chaque catégorie.

4

Bêtes et véhicules réquisitionnés sont immatriculés et affectés à une destination précise.

Suivant les départements, la mobilisation exigera cinq jours, six jours, et même plus.

Les effectifs une fois rassemblés, les cadres de conduite devront faire parvenir à destination recrues et matériel. .

LES ORGANES DE LA MOBILISATION

Les organes indispensables d'une mobilisation rapide et ordonnée sont, d'une part, les télégraphes et les téléphones qui transmettent partout les instructions, — d'autre part, les chemins de fer, qui transportent sur les points indiqués les hommes et le matériel de guerre.

Aussi, dès le temps de paix, tout est-il prévu pour que ces organes puissent donner, au moment voulu, le maximum de rendement.

Cet outillage est d'une telle importance que l'on peut mesurer, d'après sa perfection, l'intensité que prendra, en France et en Allemagne, l'opération de la mobilisation.

Voici quels sont, pour les deux pays, les chiffres respectifs de cet outillage :

France.

Télégraphes	571.000	kilom.
Téléphones	518.000	—
Voies ferrées	50.000	—
Locomotives	10.502	
Wagons de voyageurs	23.750	
— de marchandises	360.721	

Allemagne.

Télégraphes	520.000	kilom.
Téléphones	1.808.000	—
Voies ferrées	108.000	—
Locomotives	16.842	
Wagons de voyageurs	34.590	
— de marchandises	363.000	

L'Allemagne possède donc également, de ce fait, les moyens matériels de rendre sa mobilisation plus rapide.

Néanmoins, l'organisation des services de mobilisation de l'armée française est aussi parfaite que possible.

Dès le début, tous les trains sont au service de la troupe, wagons de marchandises compris.

En arrière de la base d'opération, les transports sont ordonnés par le ministre de la guerre et exécutés par les compagnies sous la direction de la commission supérieure des chemins de fer.

Dans la zone des opérations, tous les transports sont effectués, au nom du généralissime, par les soins du directeur général des chemins de fer et des étapes.

Là, tout est militarisé! Chaque gare a un commandant militaire. Les sections techniques d'ouvriers des chemins de fer de campagne, qui constituent un corps militaire, et la troupe de chemins de fer du génie (5ᵉ régiment), assurent le service, de concert avec le personnel des compagnies qui n'a pas été déplacé par la mobilisation.

Or, aujourd'hui, plus que jamais, la mobilisation et la concentration constituent, avant tout, une lutte de vitesse, dans laquelle chaque minute gagnée peut-être un élément de succès.

Les chemins de fer sont l'organe essentiel de cette vitesse, organe qu'il importe de mettre à l'abri de toute atteinte, qu'il faut garder et surveiller avec une vigilance inlassable dès le début de la mobilisation et de la concentration, puisque c'est sur ces artères d'acier que repose désormais la vie nationale.

Aussi, la surveillance des voies de communication fait-elle, en temps de guerre, l'objet d'un service spécial.

Dans la zone frontière, ce sont les troupes de campagne qui sont affectées à ce service. Dans le reste de la France, cette importante mission incombe aux réservistes territoriaux.

D'autre part, tout homme en état de porter les armes, et qui n'est pas astreint aux obligations militaires, peut contracter un engagement pour être joint à ce service.

Ce sont les communes voisines des points à garder qui fournissent les hommes nécessaires. Il en résulte ce double avantage que les gardes du chemin de fer connaissent parfaitement le pays, et qu'ils peuvent se rendre immédiatement à leur poste.

Dans toutes les régions qui ne sont pas directement menacées, les hommes de garde ne sont pas revêtus de l'uniforme mais portent au bras gauche un brassard en toile bleue qui justifie leur qualité de belligérants.

Ils sont munis de sifflets pour donner l'alarme, de pétards pour provoquer l'arrêt des trains en cas de nécessité, de fusils avec épées-baïonnettes, ceinturons et cartouches.

Les postes sont installés soit dans les gares, soit dans des locaux voisins de la voie ferrée, soit sous la tente, ayant chacun un secteur à garder.

Des sentinelles sont placées aux points vulnérables, tels que gares, passages à niveau, ponts, viaducs, tunnels, etc. Elles sont toujours doubles, l'une fixe, l'autre mobile. De plus, des rondes circulent incessamment le long de la voie.

Ainsi sont assurées la mobilisation et la concentration rapides de la *réserve de l'armée active*.

Celle-ci se trouvant désormais constituée et occupée à la frontière, l'*armée territoriale* va maintenant avoir la charge de la police intérieure et de la garde des côtes.

Rien n'a été modifié à l'organisation militaire du pays, — sauf que chaque commandant de corps a été remplacé par un général de division de réserve. De même, chaque régiment actif est suppléé par un régiment territorial.

Ces régiments, instruits et habillés, fournissent les hommes nécessaires pour combler les vides causés par le feu et la maladie dans les troupes de première ligne.

Si besoin en est, l'armée territoriale peut être appelée à la frontière, et, alors, elle est remplacée dans ses fonctions par la réserve de l'armée territoriale.

Les effectifs que donnera la mobilisation.

Théoriquement, les effectifs complets de l'armée française sont de 4 350 000 hommes, dont 2 350 000 pour l'armée active et sa réserve, 1 100 000 pour l'armée territoriale et sa réserve.

Mais ces chiffres ne tiennent pas compte du déchet qui a pu se produire dans les 25 classes dont ils représentent le total réuni sous les drapeaux.

Or, même en temps de paix, la mortalité annuelle creuse des vides dans ces 25 classes, tant celles qui sont en activité de service, que celles qui seront appelées à l'activité par la mobilisation.

D'après les dernières statistiques publiées, en 1902, l'armée française de l'intérieur, forte de 485 207 hommes, accusa 2 062 décès, soit 4,24 décès sur 1 000 hommes.

La même année, l'armée allemande, sur un effectif de 540 548 hommes, accusa 1 060 décès, c'est-à-dire une mortalité de *110 pour cent* moins élevée. Si les pertes de l'armée française n'avaient pas dépassé le taux de mortalité de l'armée allemande, elles ne seraient élevées qu'à 970 décès. Or, elles ont atteint le chiffre de 2 062 !

Les Allemands attribuent la supériorité de leur état sanitaire au zèle et à la science de leurs médecins.

L'infériorité de la France sous ce rapport tient à des causes plus essentielles, — dont la moindre est la défectuosité des installations des régiments dans un grand nombre de garnisons et les conditions peu hygiéniques de l'existence du soldat à la caserne.

A cette cause, on a essayé de remédier en mettant en demeure les municipalités d'activer les travaux d'assainissement reconnus nécessaires, sous peine de voir retirer les garnisons, mais le rôle que jouent les préoccupations politiques en ces matières est un sûr garant que rien ne sera fait pour améliorer la situation existante.

D'ailleurs, là n'est pas la cause capitale de l'excédent de mortalité dans l'armée française.

Le vice fondamental de tout le système français, c'est le défaut de sélection des conscrits.

Voyons tout d'abord ce qui se passe en Allemagne.

La sélection des conscrits allemands.

Le contingent annuel de l'Allemagne est, en chiffres ronds, de 514000 hommes.

Or, le nombre des ajournements prononcés par les conseils de révision de l'empire, uniquement pour insuffisance de développement physique, dépasse les *trois cinquièmes* de ce contingent. C'est-à-dire que l'Allemagne apporte le plus grand soin à n'incorporer que des hommes complètement formés. Il est vrai que cette précaution est rendue nécessaire par le jeune âge des conscrits, appelés un an plus tôt qu'en France.

De cette pratique, il résulte que les conseils de révision ont à examiner annuellement près de 1200000 jeunes gens, tant en fait de nouvelles recrues qu'en fait d'ajournés, et qu'ils en ajournent chaque année près de la moitié, parce que ceux-ci représentent des hommes de vigueur médiocre, qu'il vaut mieux ne pas incorporer en temps de paix, mais qui pourraient, en temps de guerre, assurer les *services auxiliaires.*

Parmi les hommes reconnus propres au service, une moitié seulement est incorporée, les autres étant affectés directement au premier ban du *landsturm* ou à l'*ersatz-reserve*.

Il importe de ne pas oublier que si, en Allemagne, l'infanterie ne fait que deux ans de service actif, les cavaliers continuent à faire trois ans, ainsi que les artilleurs montés, et que beaucoup de ces derniers (80 000 en moyenne), font même, en outre, volontairement, une quatrième année, sans compter pour cela comme rengagés.

Si nous rapprochons ces chiffres de ceux que fournit annuellement le recrutement de l'armée française, voici ce que nous observons.

Le contingent annuel est inférieur à 310 000 hommes, et la France parvient néanmoins à incorporer autant de conscrits que l'Allemagne. Mais elle n'obtient ce résultat qu'en se montrant beaucoup moins exigeante au point de vue de la vigueur physique, et en mettant en ligne, à l'exception des 18 000 hommes classés dans les services auxiliaires, tous les jeunes gens à peu près valides.

Elle arrive ainsi à tenir son rang ; mais c'est, pour employer l'expression familière, en se saignant aux quatre veines.

Faut-il s'étonner, après cela, que les maladies et la mortalité sévissent davantage sur l'armée française que sur l'armée allemande, la première étant composée d'éléments très mêlés au point de vue de la résistance physique, tandis que la seconde, sélectionnée avec un soin minutieux, n'est formée que d'individus en pleine possession de leur vigueur et de leur santé.

Or, s'il faut tenir compte de cette cause de *déchet* pour l'armée active, à combien plus forte raison exercera-t-elle son influence sur des classes s'échelonnant dans la réserve et dans la territoriale, de 1903 à 1879.

Comment admettre, par exemple, en prenant la classe extrême de 1870, qu'elle fournira les 150 000 hommes dont font état les statistiques lorsqu'elles estiment à 900 000 hommes le rendement des six classes de la réserve de l'armée territoriale ?

Ces réflexions ont pour unique objet de dissiper les illusions que l'on pourrait concevoir en se fiant au mirage des statistiques.

D'ailleurs, le rendement de la mobilisation, même avec ses déchets inévitables, sera suffisant pour mettre entre les mains des autorités militaires un instrument de guerre assez puissant pour parer à toutes les éventualités.

Il ne faut pas oublier, en effet, que les mêmes déchets se produiront en Allemagne, moins intenses peut-être, et laissant, d'autre part, disponibles, des effectifs bien supérieurs, mais suffisants néanmoins pour modifier les chiffres des prévisions que l'on a alignés sur le papier.

Voici, néanmoins, comment on pourrait se représenter le tableau des effectifs disponibles de l'armée française en cas de guerre.

I. — Armée active.

1° *Infanterie*. — 103 régiments d'infanterie de ligne.
30 bataillons de chasseurs à pied.
4 régiments de zouaves.
2° *Cavalerie*. — 13 régiments de cuirassiers.
31 régiments de dragons.
21 régiments de chasseurs à cheval.
14 régiments de hussards.
3° *Artillerie*. — 18 bataillons d'artillerie à pied (112 batteries).
40 régiments d'artillerie, formant : 412 batteries montées, 14 batteries de montagne, 52 batteries à cheval.

10 compagnies d'ouvriers d'artillerie.

3 compagnies d'artificiers.

4° *Génie.* — 6 régiments de sapeurs-mineurs (22 bataillons) ainsi répartis : 79 compagnies de sapeurs-mineurs, 4 compagnies de sapeurs-aérostiers et 6 compagnies de sapeurs-conducteurs.

1 régiment de sapeurs des chemins de fer, ainsi réparti : 12 compagnies de sapeurs des chemins de fer en 3 bataillons, 1 bataillon de télégraphistes (6 compagnies), 1 compagnie de sapeurs-conducteurs.

5° *Train des équipages.* — 20 escadrons à 3 compagnies.

6° *Troupes d'administration.* — 21 sections de secrétaires d'État-major et du recrutement, 25 sections de commis et ouvriers militaires d'administration, 24 sections d'infirmiers militaires.

II. — Réserve de l'armée active.

Le secret est gardé, avec raison, sur le nombre exact des formations de réserve.

III. — Armée territoriale.

1° *Infanterie.* — 38 bataillons de douaniers.

48 compagnies, 40 sections, 4 détachements de chasseurs forestiers.

145 régiments d'infanterie.

7 bataillons de chasseurs à pied.

10 bataillons de zouaves.

2° *Cavalerie.* — 1 peloton de douaniers.

3 escadrons de chasseurs forestiers.

18 escadrons de dragons.

18 escadrons de cavalerie légère.

6 escadrons de chasseurs d'Afrique.

3° *Artillerie.* — 14 groupes d'artillerie à pied.

39 groupes d'artillerie de campagne.

(Le chiffre des batteries, sections de munitions, sections de parc, sections de réparation du matériel afférent à chacun de ces groupes est tenu secret.)

4° *Génie.* — 21 bataillons. (Le détail est tenu secret.)

5° Train des équipages. — 19 escadrons, dont l'organisation varie suivant les nécessités de la mobilisation.

L'ARMÉE DE LA FRANCE A LA FRONTIÈRE.

Se représente-t-on la masse énorme d'hommes, de chevaux, de matériel et d'approvisionnements de toute sorte que l'ordre de mobilisation va acheminer vers la frontière par toutes les voies disponibles?

En quelques jours, les ressources de toute la région où se concentreront les armées seront épuisées, à moins que les habitants, et surtout les fournisseurs (boulangers, épiciers, bouchers, etc.) ne s'approvisionnent abondamment à l'avance, — et n'assurent le renouvellement régulier de leurs approvisionnements.

En effet, en temps de guerre, le droit de réquisition des vivres pour l'armée ne comporte que les trois exceptions suivantes :

1° Les vivres destinés à l'alimentation d'une famille et ne dépassant pas sa consommation *pendant trois jours*;

2° Les graines ou autres denrées alimentaires qui se trouvent dans un établissement agricole ou industriel et ne dépassant par la consommation de *huit jours*;

3° Les fourrages qui se trouvent chez un cultivateur et ne dépassant par la consommation de ses bestiaux pendant quinze jours.

Bien entendu, toute réquisition est formulée par écrit, en double expédition, dont une est laissée au maire et l'autre envoyée au général commandant le corps d'armée.

Cette réquisition est adressée par l'autorité militaire au maire de la commune ou à son suppléant, qui s'adjoint deux membres du conseil municipal et deux des habitants les plus imposés. Cette commission décide *sans appel* la quantité de denrées que chaque habitant devra fournir. Il est délivré un reçu pour les denrées fournies, sur le vu duquel des indemnités sont allouées suivant un tarif établi par des commissions spéciales de département et payées par le percepteur.

En campagne, les armées vivent surtout de viande fraîche, principalement de viande de bœuf, remplacée parfois par celle de vache, de veau ou de mouton.

En principe, c'est de l'exploitation des ressources locales des pays traversés que les troupes doivent tirer la viande fraîche nécessaire aux distributions. Mais, comme ces ressources peuvent être irrégulières ou rapidement épuisées, il a fallu se préoccuper de constituer, à la suite des armées, des troupeaux de ravitaillement et des parcs de bétail qui les suivent dans leurs mouvements.

Ces troupeaux et parcs sont généralement composés de bœufs et de vaches ; — les veaux en sont exclus, et les moutons n'y figurent qu'en petit nombre.

Or, pour assurer la subsistance *journalière* d'un corps d'armée de 40 000 hommes, il ne faut pas moins de *cent têtes de bœufs*.

Pour une armée de première ligne de 500 000 hommes, il faudra, quotidiennement, 1 250 bœufs.

Lorsque deux millions de combattants seront concentrés sur la frontière, il mangeront *5 000 bœufs par jour*.

Au bout d'un mois de campagne, il aura fallu acheminer vers la frontière, pour l'alimentation des troupes, 150 000 bœufs.

Comment est organisé ce ravitaillement si important ?

Chaque corps d'armée est accompagné de trois troupeaux de ravitaillement : un pour chaque divis'on (comprenant 80 bœufs ou 112 vaches), le troisième pour les éléments non endivisionnés (40 bœufs ou 50 vaches).

Cela représente deux jours de vivres.

Pour l'ensemble du corps d'armée, il y a, en outre, un parc de bétail, constituant une réserve de 200 bœufs ou 280 vaches, soit encore deux jours de vivres.

Au fur et à mesure des consommations, le ravitaillement en bétail des troupeaux et du parc de chaque corps d'armée s'effectue au moyen de petits parcs de bétail installés aux têtes d'étapes de guerre sur les routes d'étapes.

Les *parcs des têtes d'étapes* sont alimentés à leur tour par d'autres parcs de bétail organisés aux commandements d'étapes de gares régulatrices.

Enfin ceux-ci reçoivent les animaux amenés par chemin de fer, des entrepôts de bétail et parcs de groupement des stations magasins, qui s'approvisionnent au moyen d'achats dans l'intérieur du territoire.

Il existe donc un mouvement continu de bestiaux d'alimentation de l'intérieur vers les armées.

Le graphique ci-contre en résume le mécanisme.

Pour faire fonctionner ce mécanisme, depuis les achats à l'intérieur et les transports, jusqu'à l'abatage et à la distribution aux troupes, il faut un personnel spécial exclusivement chargé de ce service.

A chaque *parc*, à chaque *troupeau*, est attaché un officier d'administration, secondé par un nombre suffisant de commis et d'ouvriers d'administration.

Au nombre de ces derniers figurent les « toucheurs » auxquels incombe la charge particulière de conduire les animaux, tant par chemin de fer que sur route.

Pour les transports par chemin de fer, qui s'effectuent à raison de 8 bêtes par wagon, il y a un toucheur par 4 wagons ou 32 bêtes.

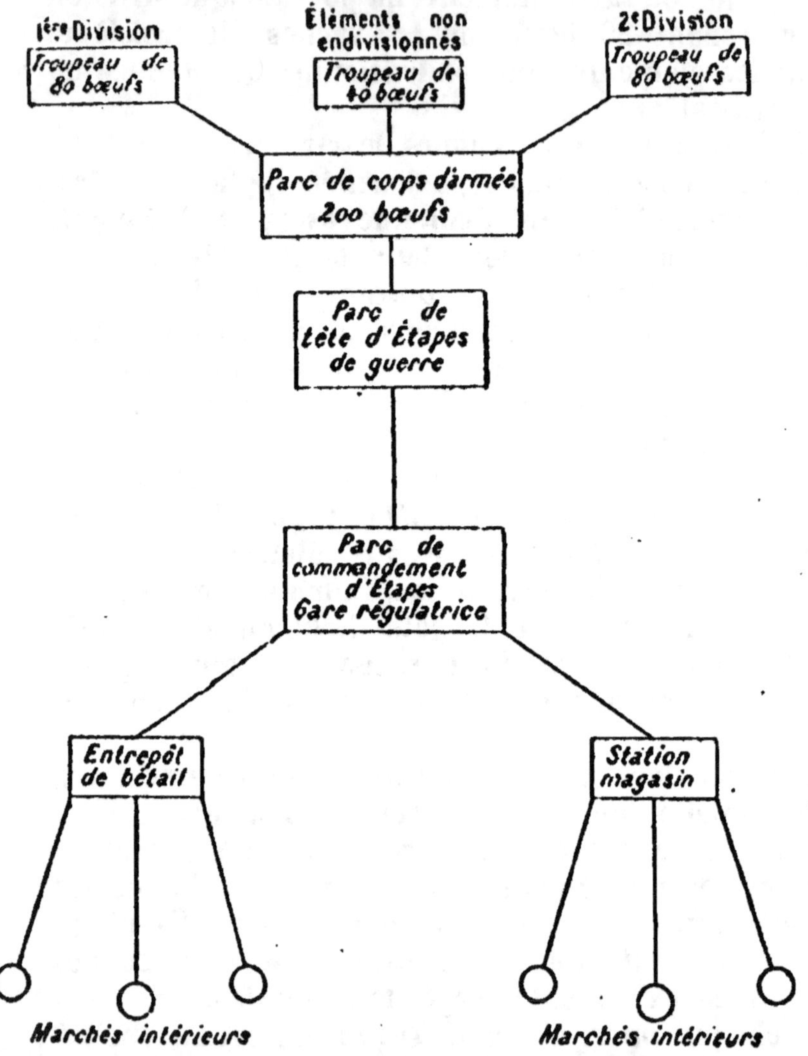

Graphique indiquant l'organisation du ravitaillement en bétail d'un corps d'armée.

Le transport des 5000 bœufs nécessaires, pour assurer la ration quotidienne de deux millions d'hommes exige donc 634 wagons et 159 toucheurs.

Sur route, il faut un surveillant et de 6 à 8 toucheurs par 100 bêtes, — soit, pour 5 000 bœufs, un personnel conducteur de 50 surveillants et 300 à 400 toucheurs (1).

Les troupeaux de bœufs peuvent marcher à raison de 4 kilomètres par heure, et fournir chaque jour une étape de 30 kilomètres, mais moyennant certaines précautions.

Il est indispensable de laisser les bêtes se reposer toutes les trois heures, en choisissant, pour ces haltes, autant que faire se peut, des endroits où elles trouvent de l'eau potable (car elles ont besoin d'être abreuvées souvent), de quoi brouter, et un abri contre le soleil ou le mauvais temps. Les bords boisés d'une rivière sont ce qui convient le mieux en la circonstance.

A l'arrivée à l'étape, il est préférable de faire coucher les bêtes à couvert dans des étables ou des écuries. On ne les laisse à la belle étoile que s'il est impossible de faire autrement.

A moins d'urgence absolue, le bétail n'est abattu qu'après une jeûne de six heures au moins, sous la direction des officiers d'approvisionnement, à l'aide des bouchers dont ils disposent.

Enfin la viande est dirigée sur les lieux de distribution, soit au moyen de voitures spéciales, soit avec les véhicules quelconques que l'on a à sa disposition.

Un intervalle de six à douze heures est nécessaire entre l'abat et le moment où la viande est livrée à la cuisson.

(1) Pour remplacer *une tête* de bœuf, il faut au minimum, *2 vaches*, ou *5 veaux*, ou *12 moutons*, ce qui apporte nécessairement une complication dans le ravitaillement.

ÉTENDUE NÉCESSAIRE A UN CORPS D'ARMÉE POUR SE MOUVOIR.

A en juger par ce que nous venons de dire, on se rend compte de l'espace nécessaire à un corps d'armée composé de régiments à quatre bataillons, pour défiler en colonne sur une seule route, les hommes marchant par quatre et les voitures par deux, lorsqu'il est muni de tous ses éléments, savoir : les colonnes de combat accompagnées des trains de combats, les trains régimentaires et les convois, y compris les troupeaux de bétail.

Ce corps d'armée occupera une longueur de *30 kilomètres*, sans tenir compte des deux derniers échelons du parc d'artillerie, qui suivent d'ordinaire à une journée de marche, et ne sont rapprochés à une demi-étape, soit 12 à 15 kilomètres, que lorsque l'ennemi est signalé.

Avec quel soin minutieux la marche et les mouvements des diverses colonnes doivent être étudiés et calculés, si l'on veut éviter la compression, l'encombrement, la cohue qui résulteraient fatalement de la moindre erreur de direction dans les multiples éléments qui entrent dans la composition de semblables masses !

Aussi la marche d'un corps d'armée est-elle rigoureusement chronométrée. Toutes les montres sont réglées sur celles du général qui le commande, et celui-ci détermine l'heure à laquelle chacune des unités devra venir prendre rang dans la colonne de marche à un point désigné sur la route et qui porte le nom de *point initial*.

Au *point initial* se tient un officier d'état-major qui surveille l'entrée de chacune des unités dans la colonne. Les fractions en retard sont activées, les

fractions en avance sont ralenties, à une minute près,
et la marche de l'armée devient mathématique.

En outre, pendant la marche, la moitié de la route
doit être laissée libre, afin de rendre possible un
mouvement en sens inverse.

VI

L'ARMÉE EN CAMPAGNE

L'ORGANISATION DE LA VIE DE CAMPAGNE. — DANS LE VOISINAGE DE L'ENNEMI. — LES DÉTACHEMENTS EN RECONNAISSANCE. — LA TRANSMISSION RAPIDE DES RENSEIGNEMENTS.

Deux millions de soldats français sont concentrés à la frontière !

Les transports de la mobilisation sont terminés, les ravitaillements assurés.

C'est la vie de campagne qui commence!

Les troupes sont cantonnées ou bivouaquent. Tandis que l'état-major prépare les opérations de la guerre, l'intendance organise tout pour qu'il ne se produise aucune lacune dans ce service si important : l'alimentation régulière de deux millions d'hommes.

Nous avons vu comment était réglé le ravitaillement en viande fraiche.

Mais le soldat ne vit pas seulement de bœuf. Il lui faut aussi du pain.

Tout a été organisé pour que, suivant les circonstances, les troupes en campagne puissent être constamment approvisionnées, soit en pain frais, soit en pain biscuité, soit en biscuit.

Chaque corps d'armée dispose, dans ses convois, d'une boulangerie de campagne, divisée en trois sections comprenant chacune huit fours.

En station, ces vingt-quatre fours peuvent fournir

environ 38400 rations, chiffre qui correspond, à peu de chose près, à l'effectif total d'un corps d'armée.

En station, la boulangerie de campagne pourrait donc assurer la subsistance du corps d'armée.

Mais, si elle est forcée de se déplacer, elle ne pourra plus fournir au corps d'armée qu'un jour et demi de pain tous les deux jours. Le déficit devra être comblé par les boulangeries organisées en deuxième ligne.

Les boulangeries de l'arrière emploient les fours du système Lespinasse, démontables et transportables à dos de mulet.

L'autorité militaire peut aussi, en cas de besoin, requérir les moulins et les fours des localités traversées.

Les boulangeries de campagne affectées au service de chaque corps d'armée sont des fours locomobiles, réunis par groupes de deux, sur un fourgon de trois mètres de longueur, en tôle peinte, monté sur quatre roues. Les deux fours sont superposés, identiques dans leurs formes et leurs dimensions, et absolument indépendants l'un de l'autre.

Leur sole, en briques réfractaires, permet de faire cuire à la fois, dans les deux fours, 80 pains, soit 160 rations de 750 grammes.

Comme l'on peut faire douze fournées par vingt-quatre heures en travaillant jour et nuit, chaque voiture peut fournir quotidiennement 1920 rations.

Chaque double four est desservi par un brigadier, deux pétrisseurs et deux servants.

Chaque section de huit fours est pourvue de deux tentes-baraques servant aux travaux de panification et de deux tentes à distribution.

Lorsque la boulangerie de campagne est installée sur l'emplacement qu'elle doit occuper, on procède au chauffage du four ; le combustible employé est exclusivement le bois.

Les levains nécessaires à la fabrication du pain sont préparés, pendant la marche, dans les chariots-fournils adjoints aux boulangeries.

Le *pain biscuité* est un pain susceptible de se conserver plus longtemps (vingt-cinq jours au maximum) sans altération que le pain ordinaire. Il est destiné à remplacer celui-ci dans l'alimentation des troupes toutes les fois que, pour une raison quelconque, le pain ordinaire viendra à manquer.

La fabrication du pain biscuité diffère peu de celle du pain ordinaire. On emploie une moins grande quantité de levain de façon à ce que la pâte reste un peu plus compacte. On facilite l'évaporation de l'eau pendant la cuisson, en pratiquant quatre coupures à la partie supérieure du pain avant de le mettre au four. Enfin on le laisse *ressuer* plus longtemps dans un endroit aéré, pour qu'il perde en se refroidissant l'excès d'eau qu'il contient.

Enfin, l'ultime ressource du soldat, ce que l'on peut appeler son pain de réserve, c'est le *biscuit*.

La pâte destinée à la fabrication du biscuit est pétrie comme à l'ordinaire, mais, en outre, avant d'être mise au four, elle est foulée avec des rouleaux de fonte. Elle contient à peine 10 p. 100 de levain.

Après la cuisson, le biscuit est desséché dans des chambres chauffées à 30°.

Cet aliment, que l'on consomme peu en temps de paix, a une saveur fade. Mais il présente l'avantage de se conserver fort longtemps et d'avoir, à volume égal, plus de qualités nutritives que le pain. Seulement, comme il contient trop peu d'eau pour être d'une digestion facile, on conseille, pour éviter les accidents consécutifs à son absorption, de le faire tremper dans l'eau avant de le consommer.

Tout dernièrement, on a découvert la formule d'un nouveau pain de guerre intermédiaire entre le pain de guerre actuel et le pain ordinaire, et pouvant, dans certains cas, les remplacer tous les deux. Son mode de fabrication est encore tenu secret, mais on sait qu'il est des plus simples. Deux substances, également nutritives, saines et presque universellement répandues, peuvent concourir isolément l'une et l'autre à la fabrication de ce produit. Il possède l'avantage de se conserver frais pendant très longtemps, de sorte qu'on peut encore le couper au couteau plus de trente jours après sa fabrication.

EN RECONNAISSANCE

L'armée en campagne est à proximité de l'ennemi.

Elle doit, d'une part, se garder contre toute surprise ; d'autre part, se renseigner le plus exactement possible sur les positions et les mouvements de l'adversaire.

Dans cette double tâche, l'infanterie et la cavalerie ont chacune leur rôle.

L'infanterie forme le réseau complet des avant-postes, comprenant la réserve d'avant-postes, les grand'gardes, les petits postes spéciaux et les sentinelles.

En campagne, les sentinelles ne rendent pas d'honneurs et ne doivent pas se laisser distraire de leur service, même par l'arrivée d'un supérieur.

L'œil et l'oreille aux aguets, elles ne peuvent, ni déposer leur sac, ni s'asseoir, ni se coucher. L'arme toujours prête, elles ne font feu que si elles aperçoivent distinctement l'ennemi, ou si quelqu'un franchit la ligne malgré leur avertissement.

Chaque petit poste est gardé par une sentinelle simple. Pendant le jour, tous les hommes qui ne sont pas de service peuvent se reposer, mais sans enlever leur équipement. La nuit, tout le monde veille.

En avant des lignes, la sécurité est assurée par des patrouilles d'au moins trois hommes commandés par un caporal, un sous-officier ou un officier.

Ces patrouilles n'avancent qu'avec la plus grande précaution et sans faire le moindre bruit. Elles font halte fréquemment, pour prêter l'oreille aux moindres rumeurs, et pour s'orienter, de façon à ne jamais perdre la direction exacte dans laquelle elles se trouvent par rapport au front de l'armée et par rapport à l'ennemi.

La nuit et en terrain coupé, les petites patrouilles d'infanterie ne doivent pas s'éloigner de plus de un kilomètre de la ligne des sentinelles.

Mais c'est surtout la cavalerie qui est apte à remplir avec succès les services de sûreté et de découverte.

Elle forme devant le front de l'armée un vaste rideau mobile, s'oppose aux incursions de la cavalerie adverse, tient continuellement au courant le commandement sur la situation et les mouvements des forces ennemies, et fournit tous les renseignements nécessaires sur les voies de communication et les ressources du pays.

La cavalerie concourt à la sûreté en prolongeant, au moyen de ses patrouilles, le service d'observation : elle détache quelques cavaliers à chaque grand'garde. Pendant le jour elle place des vedettes pour soulager l'infanterie ou établit des postes spéciaux en avant.

Avec des forces aussi réduites que possible, elle pousse des pointes profondes et rapides sur les points qu'il importe de reconnaître plus spécialement.

Comme, pour bien voir, il n'est pas nécessaire d'être nombreux, et qu'il vaut mieux, au contraire, réduire sa propre visibilité au minimum, il suffit souvent pour ces missions délicates, d'un officier accompagné par quelques cavaliers de choix.

Il peut être utile d'envoyer plusieurs petits détachements isolés, commandés par des officiers choisis avec le plus grand soin.

5.

Comme il s'agit de se renseigner le mieux possible, mais non de combattre, la reconnaissance doit être poussée aussi loin que le permettra la prudence, mais en ayant soin d'éviter toute collision armée qui nuirait au but poursuivi.

COMMENT ON SE RENSEIGNE

On ne doit négliger aucun *indice* de nature à fournir des données sur la présence de l'ennemi, sa force, ses mouvements et ses projets.

Il est bien difficile à des troupes, même peu nombreuses, de circuler dans la zone des hostilités, sans y laisser quelques traces de leur passage; branches cassées, herbes foulées, empreintes de chaussures, de fers de chevaux, de roues de voitures, de débris et de restes de diverse nature, notamment autour des bivouacs.

Pendant le jour, observer les fumées; — pendant la nuit, les feux, les lumières.

Rechercher attentivement s'il ne s'élève pas au loin quelque poussière. Cet indice est de la plus grande importance, car n'importe quelle troupe en marche le provoque.

L'infanterie soulève une poussière basse, — la cavalerie une poussière haute et légère; — l'artillerie produit des nuages de poussière épaisse interrompus par des intervalles.

Il faut rechercher aussi avec soin si l'on n'aperçoit pas de reflets du soleil sur les armes. Lorsque ces reflets sont nombreux, brillants, ils sont l'indice d'une colonne qui s'avance; — s'il s'agit, au contraire, d'une colonne qui s'éloigne, les reflets sont incertains, passagers, inégaux.

L'oreille ne doit pas être moins attentive que l'œil à tous les bruits qui peuvent se produire, car le passage de troupes se révèle généralement au loin par le roulement des voitures, le claquement des fouets, le hennissement des chevaux, les aboiements prolongés des chiens.

Les reconnaissances n'ont pas toujours pour unique objet d'obtenir des renseignements sur l'ennemi. Elles visent souvent l'étude du terrain sur lequel l'armée est appelée à manœuvrer, et porte alors sur l'état et les particularités des routes et des chemins, des voies ferrées, des canaux, — sur la nature des cours d'eau, la configuration des défilés, l'étendue et la pénétrabilité des forêts, la situation des hauteurs, les obstacles ou les facilités de toute nature que peut rencontrer la marche, — enfin l'état et la ressource que présentent les lieux habités.

Un bon éclaireur observe toutes ces choses, en fixe tous les détails dans sa mémoire, et peut ainsi fournir au commandement les renseignements les plus précieux.

RECONNAISSANCES PAR BALLONS CAPTIFS, LIBRES OU DIRIGEABLES

Depuis 1704, date à laquelle furent accomplies les premières reconnaissances militaires à l'aide de ballons captifs, aux armées de Sambre-et-Meuse et du Rhin, l'importance de ces appareils pour cet objet particulier n'a fait que s'accroître, si bien qu'à l'heure actuelle, il n'y a pas de puissance qui n'ait doté son armée d'une organisation aérostatique.

En France, chaque corps d'armée est pourvu d'un parc aérostatique pour le service des ballons captifs, tant au point de vue de la reconnaissance des positions et des forces de l'ennemi, que de la direction des opérations au cours même d'une bataille.

Chaque parc aérostatique se réduit à deux véhicules réalisant le *minimum* de poids, tout en conservant une grande solidité, savoir: un appareil générateur à gaz hydrogène pur; — une voiture-treuil portant le matériel aérostatique et les accessoires.

On part de ce principe qu'un seul observateur dans la nacelle, au lieu de deux, suffit très bien, et permet de réduire considérablement, non seulement le cube du ballon, mais le système tout entier.

D'autre part le gaz hydrogène pur convient seul au ballon captif, auquel il donne le maximum de puissance, sous un minimum de surface offert à la pression du vent.

Ce gaz, l'appareil générateur sur chariot, transportable aisément en tous lieux au moyen de deux chevaux, le met à la disposition des aérostiers, à raison de *cent vingt-cinq mètres cubes à l'heure*, débit normal susceptible d'augmentation.

Cet appareil gazogène comprend :

1° Quatre générateurs en tôle doublée de plomb ;
2° Un laveur-cribleur du gaz ;
3° Deux cylindres sécheurs;
4° Quatre pompes spéciales à vapeur ou à bras;
5° Une boîte à quatre siphons.

Enfin, un coffre à outils formant un siège pour trois hommes et renfermant tous les accessoires.

Le tout ne dépasse pas le poids de 2400 kilogrammes.

La *voiture-treuil*, outre le treuil, reçoit la nacelle, qui contient elle-même le ballon, et supporte un siège pour trois personnes, ainsi qu'un ample coffre pour les accessoires. Son poids total est de 1600 kilogrammes environ.

Un téléphone dont le fil est incorporé dans la corde du treuil, met l'observateur en communication constante avec les officiers restés à terre et chargés de recevoir les indications de l'aéronaute et de lui transmettre celles de l'état-major.

En raison des services que peuvent rendre les

ballons captifs, on s'est ingénié à chercher un moyen de les détruire.

Des expériences effectuées au camp de Châlons montrent que le canon de campagne de 75 millimètres, tirant à shrapnels, peut, à 6000 mètres de distance, anéantir en quatre coups un ballon captif planant à 600 mètres d'altitude.

Les mêmes constatations ont été faites dans des expériences de tir contre les ballons exécutées en Belgique, à Braschnettes. Un ballon captif ne peut se mouvoir dans un rayon de quatre kilomètres autour d'une batterie ennemie sans être atteint et jeté à terre en deux salves. L'erreur de pointage en direction étant négligeable avec la précision des pièces modernes, il suffit de régler l'éclatement des projectiles lancés dans une même salve, de manière à enfermer le ballon dans un cône à base étroite sillonné par une grêle de balles.

Un ballon libre ou dirigeable qui se déplacerait à une faible hauteur dans les mêmes conditions que le ballon captif, serait atteint de la même manière. Mais il sera invulnérable s'il passe à une grande hauteur, car le canon de campagne ne peut tirer sous un grand angle. Quant aux fusils, leur effet sur un ballon dirigeable est à peu près nul, en raison de la difficulté d'appréciation de la distance et, par suite, de l'impossibilité de régler le tir.

L'emploi des ballons *libres* a été prévu, pour les communications des places fortes investies avec le dehors. Ces places ont été pourvues du matériel nécessaire, et pour assurer le service, des hommes de l'armée active, de la réserve et de l'armée territoriale subissent annuellement des épreuves, à la suite desquelles il leur est délivré un brevet d'aptitude à la conduite des ballons libres.

Les dirigeables, en raison même de leur indépendance et de leur faculté d'évoluer aisément dans toutes les directions, présentent, au point de vue militaire, de tels avantages, que tous les gouvernements se sont efforcés de résoudre le problème complexe et délicat que comporte leur emploi.

Tel fut le but principal des deux frères Renard, à l'établissement central d'aérostation militaire de Chalais-Meudon. Le premier résultat de leurs efforts fut le ballon la *France*, qui, en 1884-1885, revint cinq fois sur sept à son point de départ, avec une vitesse propre de 6 m. 50 par seconde.

L'idéal à réaliser, c'était un *aéronat* suffisamment « en main », pour pouvoir, en cas de besoin, aller planer au-dessus d'une ville française assiégée par l'ennemi, échanger des signaux et des télégrammes avec les habitants, se renseigner sur l'état de leurs forces, sur la durée de la résistance qu'ils peuvent encore fournir, leur faire connaître l'approche des troupes envoyées par le commandement supérieur pour forcer les assiégeants à se retirer. Si cet aéronat pouvait atterrir dans la place assiégée, le pouvoir central pourrait l'utiliser au besoin pour y envoyer un nouveau gouverneur militaire.

S'agit-il, au contraire, d'observer une place ennemie que l'on investit, l'aéronaute peut utiliser les derniers progrès de la téléphotographie, et rapporter des clichés par l'examen desquels le général assiégeant connaîtra la disposition des ouvrages, l'importance de la garnison, les résultats du bombardement, etc.

Dans l'un ou l'autre cas, les aéronats, habilement dirigés par des hommes de sang-froid, sont susceptibles de rendre d'inappréciables services.

Il n'est guère possible de savoir exactement où en sont, sous ce rapport, les gouvernements étrangers. Tout ce que l'on sait, c'est qu'ils étudient soigneusement et activement la question.

En ce qui concerne plus particulièrement l'Allemagne, peut-être ce pays serait-il déjà mieux outillé qu'on ne le soupçonnait, s'il est vrai que, le 12 janvier 1906, à six heures du matin, un ballon de forme allongée, venant de la direction de Metz, ait plané sur la ligne des forts de Liouville et de Gironville, à la partie occidentale du camp retranché de Toul, — comme l'ont affirmé un gendarme de Thiaucourt, et des sentinelles du fort de Saint-Michel.

Le général Papuchon, gouverneur de Toul, a ouvert personnellement une enquête à ce sujet, mais les résultats en ont été tenus secrets.

Même si le fait était vérifié, la France n'aurait pas à s'en inquiéter, car elle n'est pas moins bien outillée, tant du fait de l'initiative privée, que grâce aux travaux des frères Renard.

On n'a pas oublié que, le 14 juillet 1903, pendant la revue, M. Santos-Dumont exécuta sur la pelouse de Longchamps, avec son dirigeable n° 10, des évolutions sensationnelles.

Après la revue, l'aéronaute adressa au ministre de la guerre une lettre dans laquelle il offrait son ballon et ses services à la France, dans l'éventualité d'une guerre avec n'importe quelle nation, à l'exception de l'Amérique du Nord et de celle du Sud, ajoutant loyalement qu'au cas, fort improbable, d'une guerre avec le Brésil, il se mettrait au service de son pays natal.

Cette offre fut acceptée, et reste valable.

D'autre part, au début de 1906, l'aéronat *Lebaudy* a été également remis officiellement à l'autorité militaire.

La valeur de ce dirigeable est bien connue.

Construit sous la direction de l'ingénieur Julliot, il fit sa première sortie le 13 novembre 1902. Dégonflé après six semaines d'expériences, il fut équipé à nouveau au printemps suivant.

Le 12 novembre 1903, parti de son hangar de Moisson à 9 heures 20 du matin, il venait atterrir au bout de 1 heure 41 minutes, au Champ de Mars, devant la Galerie des Machines, à un endroit précis, fixé à l'avance.

Quelques jours plus tard, le *Lebaudy*, parti pour regagner son hangar, se déchira dans les arbres, par suite d'une fausse manœuvre, en cherchant à atterrir au parc militaire de Chalais-Meudon, où il devait faire escale.

Reconstruit en 1904, avec des perfectionnements, il ne fit, cette année-là, rien de remarquable, par suite de divers incidents.

Au début de 1905, MM. Lebaudy mirent leur ballon à la disposition de l'autorité militaire.

Sur un ordre émanant du ministère de la guerre, le dirigeable prit les airs un matin, pour se rendre au camp de Châlons, qu'il gagna, suivant les instructions reçues, en trois étapes.

Le jour même de son arrivée au camp, le ballon, pris par la tempête, alors qu'il était insuffisamment amarré à terre, fut déchiré contre des arbres. Rapidement réparé, il reprit la suite des expériences et gagna Toul où, en présence du Ministre de la Guerre (qui fit même une ascension à son bord), et de plusieurs officiers généraux, il effectua une série de sorties très intéressantes au point de vue de son utilisation militaire.

Depuis le commencement de 1906, le *Lebaudy* fait officiellement partie de l'effectif de défense de la ville de Toul.

Enfin, l'établissement central d'aérostation militaire de Chalais-Meudon dispose d'un ballon dirigeable, construit sur les plans des frères Renard. Son volume est d'environ 3000 mètres cubes et sa longueur est quatre fois celle de son plus grand diamètre.

Comme le *Lebaudy*, il a une enveloppe en coton double enfermant une feuille de caoutchouc. La résislance de ce tissu est de 3000 kilogrammes pour un poids de 400 grammes par mètre carré. Les ralingues sur lesquelles sont fixées les suspentes sont en même tissu que la « peau », mais plus fort. Elles peuvent porter 4000 kilogrammes.

Le propulseur est actionné par un moteur électrique. Après de nombreux essais, le colonel Renard a abandonné le moteur à essence, qui a le grave et irrémédiable défaut de consommer, par heure de marche, un volume considérable de liquide inflammable, d'où un délestage automatique et continuel qui, en nuisant à la stabilité de route du navire aérien, le met en danger.

La vitesse propre de ce nouveau dirigeable est de 13 mètres par seconde.

L'armée française est donc parfaitement outillée, tant en fait de ballons captifs qu'en fait de dirigeables, et peut compter sur les services qu'ils ne peuvent manquer de rendre dans les divers ordres d'idées que nous avons énumérés.

TRANSMISSION DES RENSEIGNEMENTS

Quelle que soit la manière dont les renseignements sont recueillis, il faut se hâter, surtout s'il s'agit d'informations urgentes concernant l'ennemi, de les faire parvenir au chef militaire qui les a demandés ou qui peut les utiliser, par les moyens les plus rapides et les plus sûrs que l'on a à sa disposition.

Cette recommandation ne s'applique pas aux ballons captifs, qui sont constamment reliés à la base d'exploration par un fil téléphonique, — mais à toutes les reconnaissances qui circulent sans être reliées à cette base, y compris les ballons dirigeables, et qui peuvent, à un moment donné, s'en trouver fort éloignées.

Il est des cas, où les unités chargées de l'exécution de la reconnaissance, peuvent en rapporter elles-mêmes les résultats.

Mais il peut se présenter un grand nombre de circonstances dans lesquelles les éclaireurs ont intérêt à rester en observation, tout en faisant parvenir les renseignements à la base d'exploration, au fur et à mesure que de noûveaux événements se produisent.

Dans ce cas, le service de découverte se trouve dans la nécessité de détacher des estafettes, ou, dans tous les cas, d'employer les moyens de transmission les plus rapides qu'il a sous la main.

Ce service de la communication des renseignements en campagne est un des plus importants, en raison de l'influence capitale qu'il peut exercer sur la marche des opérations. Aussi a-t-on multiplié le plus possible les moyens de l'assurer en faisant appel à tous les procédés connus pour la transmission des dépêches, de telle sorte qu'à défaut des voies ordinaires, on ait toujours une ressource à utiliser.

§ 1. — Emploi des estafettes.

Pour la transmission des nouvelles, rien ne vaut l'estafette, — que ce soit à pied, à cheval, en voiture, en automobile ou à bicyclette, — mais ces divers moyens de circulation sont loin d'avoir tous la même valeur au point de vue qui nous occupe.

A pied, le rayon d'action est forcément borné, et, par conséquent, la transmission de renseignements qui sont souvent de la plus haute urgence, s'en trouve ralentie.

Le galop d'un cheval produit toujours, surtout pendant la nuit, un bruit qui peut donner l'éveil aux coureurs ennemis ; — néanmoins, en raison de la vitesse du cavalier, son emploi comme estafette est préférable à celle du piéton.

A défaut d'un cheval de selle, si l'on rencontre, dans une ferme isolée, un véhicule attelé quelconque, il faut l'employer, si l'on peut gagner ainsi quelques minutes.

A plus forte raison faut-il profiter, si on la trouve sur son chemin, d'une voiture automobile, qui, malgré le bruit considérable que provoque généralement sa marche, peut, par sa vitesse, échapper à une poursuite des patrouilles ennemies.

Seulement, les automobiles et, dans une certaine mesure, les voitures, ne sont pas en état de circuler en dehors des routes. Les automobiles sont même, sous ce rapport, assez exigeantes.

Certainement, il y a partout des routes ou tout au moins de bons chemins qui traversent les campagnes en long et en large. Seulement, ces voies ne mènent pas toujours dans la direction voulue, et de plus, rien n'est plus facile (pour un ennemi prévoyant, qui veut se prémunir contre l'emploi des automobiles), que de les couper et de les rendre impraticables.

Comme moyen de transmission rapide des renseignements, et même comme moyen d'exploration et de découverte, la bicyclette est le véhicule par exellence.

Elle est toujours prête, — tandis qu'il faut consacrer des moments précieux (si l'on emploie d'autres moyens de transports), à seller ou à harnacher un cheval, à préparer une automobile.

Elle glisse silencieusement (même la nuit) et rapidement ; elle est facile à dissimuler derrière un buisson en cas de rencontre suspecte. Les bicyclistes n'auraient guère à redouter que la rencontre des chiens militaires que les Allemands ont justement dressés pour les attaquer.

La bicyclette ne passe pas partout, elle non plus. Mais le moindre sentier lui suffit, — au besoin, elle peut se hasarder à travers champs ; — en tous cas, elle peut être portée sur l'épaule au passage des mauvais pas.

Elle permet de franchir, sans grande fatigue, des distances considérables, et, sur un bon terrain, de distancer des cavaliers lancés à la poursuite de l'estafette.

Un grand nombre d'expériences comparatives ont démontré, en effet, que pour la rapidité de la course, les cavaliers sont dépassés par les bicyclistes et les chiens de guerre.

§ 2. — Emploi des chiens de guerre.

De tous temps, les chiens ont été employés pour des usages militaires, mais autrefois on recherchait chez eux la force et la férocité, c'est-à-dire les aptitudes nécessaires au carnage, parce que l'on faisait d'eux de véritables combattants. La longue portée des armes modernes rendrait toute tentative de ce genre complètement inutile.

Aussi, aujourd'hui, ne songe-t-on plus à transformer les chiens en combattants. C'est à leur docilité, à leur finesse, à leur ruse, à leur fidélité, en somme à l'ensemble de leurs remarquables facultés intellectuelles, que l'on fait appel afin de faire d'eux de précieux auxiliaires pour les troupes en campagne.

Les expériences concluantes qui ont été faites à cet égard donnent plus que des espérances. Elles permettent de considérer le chien comme l'un des auxiliaires les plus susceptibles de rendre de multiples services.

Tout chien n'est pas apte à remplir ces fonctions. Les chiens d'arrêt et, en général, les chiens de chasse, n'ont pas donné de résultats satisfaisants ; leur intelligence est trop spécialisée. Au contraire, les chiens de berger et les chiens loups s'acquittent très bien des missions qu'on leur confie.

Leur équipement consiste en une ceinture passant sous le ventre et reliant deux poches de cuir, destinées à recevoir les plis et communications diverses concernant le service en campagne : mots d'ordre, mouvements partiels, reconnaisances, régions à surveiller, etc., etc. Ces chiens sont, en outre, munis d'un collier portant le numéro matricule du régiment.

Chaque animal, pour l'instruction, est confié à un soldat qui ne le quitte jamais. La section canine est sous les ordres d'un lieutenant.

Le chien est traité avec douceur, bien soigné; il affectionne ses maîtres et tout ce qui porte le pantalon rouge. Pour s'assurer son précieux concours, pour exciter son zèle et développer son instinct, toutes les fois qu'il a bien exécuté un mouvement et compris sa leçon, il est comblé de caresses. C'est d'après la même logique qu'il est puni lorsqu'il fait preuve de mauvais vouloir.

Pendant la première partie de l'instruction des chiens de guerre, le point important que l'on cherche à atteindre consiste à les familiariser exclusivement avec la vue du costume militaire français. Aussi, dans ces premiers temps, ne sortent-ils pas en ville.

Plus tard, à certains moments, dans les exercices et dans les marches militaires, leur conducteur s'écarte de la route suivie et, à une distance de plus en plus éloignée, il lâche les chiens pour les accoutumer à rejoindre les corps de troupe.

Grâce à cet apprentissage, les chiens militaires pourront jouer un rôle important dans la transmission des ordres et des renseignements.

D'ailleurs, l'instinct et le flair très subtils de ces animaux les mettent en mesure de rendre bien d'autres services. Leur faible taille, le silence et la rapidité de leur course, leur permettent d'échapper facilement aux coups de l'ennemi.

Les chiens en sentinelle sont capables d'éventer l'approche de l'adversaire, alors que rien ne pourrait faire encore soupçonner sa présence. Ces mêmes qualités en font des auxiliaires de la plus grande utilité dans les marches de nuit, les surprises ou les reconnaissances.

Le chien peut même être dressé pour faire seul, sans être accompagné, un excellent éclaireur, pour « partir en reconnaissance », opération si délicate et si périlleuse en temps de guerre. Le chien étant dressé à distinguer un soldat français d'un ennemi, — en campagne, à la vue de ce dernier, il faut qu'il retourne immédiatement au poste qui l'a envoyé en reconnaissance. Etant donnée la vitesse du chien, qui a été exercé à ne pas flâner dans l'exercice de ses fonctions, on peut, d'après le temps qu'a duré son absence, juger approximativement, et sans erreur préjudiciable, à quelle distance se trouve l'ennemi.

§ 3. — La télégraphie de campagne.

Nous avons vu que la cavalerie constitue, pour ainsi dire, les yeux et les oreilles de l'armée entière. Sa tâche consiste à fournir des informations promptes et sûres pour tout ce qui concerne les positions de l'ennemi, à veiller sur ses mouvements, à déjouer ses plans, à anéantir ses moyens de communications — chemins de fer et lignes télégraphiques, — à épargner à l'avant-garde toute surprise, en dissimulant et en protégeant sa marche. Ce service d'observation est, en quelque sorte, la base fondamentale sur laquelle reposent toutes les opérations du haut commandement. C'est ce qui fait que les observations qu'il recueille doivent être transmises avec la plus grande célérité. C'est à cette préoccupation qu'est due l'introduction, dans l'armée, des cyclistes et des chiens de guerre. Mais ces deux catégories de messagers ne deviennent réellement utiles que lorsqu'il n'est pas possible d'employer de préférence le plus sûr et le plus rapide des moyens de communications, c'est-à-dire le télégraphe.

Aussi la principale préoccupation du haut commandement est-elle de conserver ses communications télégraphiques et de troubler, d'interrompre ou même de surprendre celles de l'ennemi.

Car le télégraphe, avant même de servir aux opérations militaires, est le principal organe de la mobilisation et de la concentration.

Plus de mobilisation rapide possible si les lignes télégraphiques viennent à être interrompues, soit par l'ennemi, soit par des phénomènes naturels, orages, tempêtes, etc.

C'est pour ne pas être à la merci de semblables accidents, qui paralyseraient le passage de l'armée du pied de paix au pied de guerre, que les grandes puissances militaires ont toutes doublé leurs principales lignes télégraphiques aériennes par des lignes souterraines, qui sont à l'abri des perturbations atmosphériques et qui sont moins accessibles aux entreprises de l'ennemi.

En France, après différents essais, qui ne furent pas toujours heureux, on s'est arrêté à deux modèles de câbles souterrains.

Le conducteur est formé d'un toron de cuivre rouge de sept brins, ayant chacun 0 mm. 5 ou 0 mm. 7 de diamètre selon le modèle. Le toron est recouvert de deux couches successives de gutta-percha, atteignant 4 mm. 5 et 5 mm. 4 de diamètre, avec interposition d'enduit Chatterton, composition spéciale dont la propriété est d'assurer l'adhérence de la gutta-percha et du cuivre.

Les fils, enveloppés ensuite de coton tanné, sont cordés ensemble, et le câble, ainsi constitué, est protégé par deux rubans de coton que sépare une garniture de filin de phormium.

Il existe des câbles à 3, 4, 6 et 7 conducteurs.

Ces câbles n'auraient qu'une faible durée s'ils étaient enfouis directement dans le sol. Pour les préserver de l'action délétère de l'humidité et des émanations gazeuses, on les enferme, suivant le cas, dans des tuyaux en fonte ou dans des tubes en plomb.

Les tuyaux en fonte, de 8 millimètres d'épaisseur, semblables à ceux des conduites d'eau, à emboîtement, sont destinés à garantir les lignes établies en tranchée. Leur diamètre intérieur varie suivant le nombre de câbles qu'ils doivent contenir. Les bouts de tuyaux, d'une longueur de 2 m. 50 à 3 mètres, sont raccordés par des joints en plomb matés à froid.

La profondeur des tranchées est de 1 m. 20.

De distance en distance, des tuyaux d'un calibre plus fort et formant manchons, sont disposés pour servir de regards et repérés avec soin. Des chambres spéciales en fonte, dites *de raccordement* ou *de soudure*, ayant 55 centimètres de diamètre sur 35 centimètres de hauteur, sont également interposées dans la ligne. Les bouts de câble, d'une longueur de 500 mètres (400 pour l'intérieur de Paris), sont tirés et amenés dans les tuyaux au moyen de cordes introduites à l'avance, puis soudés au point où se trouve la chambre, avec toutes les précautions nécessaires pour assurer une bonne conductibilité et un isolement parfait. L'étanchéité de la conduite est vérifiée en y comprimant de l'air avec une pompe, les manchons sont matés à froid et, enfin, la tranchée est comblée.

En cas de dérangement, les manchons seraient découverts, descellés, puis remis en place après réparation de la ligne.

Les câbles destinés à être placés en égout, à Paris et dans les grandes villes, sont préalablement introduits dans des tubes en plomb, d'un quart de millimètre d'épaisseur.

Le raccordement des conducteurs souterrains avec les lignes aériennes se fait au moyen de guérites ou de poteaux creux.

Mais les installations fixes des lignes aériennes ou souterraines ne sont pas toujours suffisantes pour assurer le service des communications. Aussi la plupart des cavaleries des armées européennes possèdent-elles des officiers et des hommes familiarisés avec toutes les opérations télégraphiques, soit par lignes électriques, soit par signaux optiques. Leur équipement de guerre comporte un léger télégraphe de campagne, des téléphones, et divers appareils à signaux.

En France, le service de la télégraphie de campagne a été particulièrement bien organisé. A chaque régiment de cavalerie sont attachés six télégraphistes, répartis en deux groupes de trois hommes. Ces groupements constituent une division technique indépendante.

Chaque télégraphiste porte une petite pile électrique dans les fontes de sa selle, et un appareil téléphonique en bandoulière. Une légère voiture à un cheval, qui accompagne chaque régiment, renferme quatre bobines sur chacune desquelles sont enroulés 500 mètres de conducteurs.

Pour l'opération de la pose d'une ligne, le premier télégraphiste du premier groupe prend l'avant, portant dans une boîte placée sur son dos l'une des bobines, dont le conducteur se déroule au fur et à mesure de la marche. Un deuxième homme suit, muni également d'une bobine, et portant une légère perche de bambou surmontée d'un crochet. Avec cette perche, il guide le câble de la première bobine dans son déroulement, le protégeant contre toute cause susceptible de l'endommager, lorsqu'il passe sur des branches d'arbres, des murailles, des haies vives et des fossés. Le troisième homme de l'équipe reste au point de départ de la ligne.

Le second groupe des télégraphistes suit en voiture et se tient prêt à remplacer le premier détachement aussitôt que les bobines du câble sont complètement déroulées. De plus, une seconde voiture, traînée par deux chevaux, accompagne chaque régiment, por-

tant 30 kilomètres de conducteurs télégraphiques, une batterie de piles et des outils.

Une ligne peut être installée en quelques heures et démontée avec la même rapidité.

Lorsque l'armée n'est pas en marche, le contingent télégraphique est employé au service des avant-postes, de l'avant-garde et de l'état-major. Il peut aussi établir des communications avec les quartiers généraux à des distances considérables.

Pendant la guerre russo-japonaise, les armées nipponnes étaient accompagnées d'un service téléphonique si bien organisé, que pendant toute la durée de la bataille, chaque unité restait constamment en communication directe avec le quartier général, qui pouvait ainsi connaître minute par minute, et diriger à tout moment, les mouvements des combattants.

Tel est l'idéal que l'on cherchera certainement à réaliser dans les prochaines campagnes européennes.

Malheureusement, les lignes télégraphiques et téléphoniques, soit permanentes, soit provisoires, peuvent être facilement détruites par l'ennemi, toutes les fois que celui-ci, surtout au moyen de la cavalerie, se trouve en mesure de les atteindre.

Au contraire. les signaux optiques, par leur essence même, se trouvent à l'abri de ces entreprises.

Lorsque l'emploi de la télégraphie et de la téléphonie devient difficile ou même impossible, la grande ressource réside dans les signaux optiques.

Le système optique possède deux avantages inestimables sur la télégraphie électrique ; il est doué d'une plus grande mobilité et présente plus de sécurité contre les attaques de l'ennemi. Il s'approprie mieux que tout autre système aux besoins d'un corps d'avant-garde.

L'armée française possède deux modèles de télégraphe optique, un petit et un grand, le télégraphe à lentilles et le télégraphe télescopique, ayant pour sources lumineuses, le premier, une simple lampe à pétrole, — le second, le soleil, l'électricité ou une lampe à gaz oxhydrique.

Le télégraphe optique à lentilles se compose d'une caisse rectangulaire en tôle, divisée en deux compartiments par une cloison percée au centre d'un petit trou circulaire. Une grande lentille convexe occupe l'extrémité du premier compartiment, c'est l'objectif, dont le foyer correspond au centre du trou de la cloison. Devant ce trou, se trouve un écran mobile, pouvant être manœuvré par l'opérateur, de manière à le démasquer en tout ou en partie.

L'autre compartiment contient la lampe à pétrole, placée entre deux petites lentilles qui occupent l'espace contigu à la cloison percée, et un miroir concave du côté opposé. Ce miroir renvoie à la lampe les rayons lumineux qui irradient inutilement dans sa direction, de telle sorte que toute la lumière émanant de cette source se trouve concentrée, sans perte, par les deux petites lentilles. Elle traverse le trou de la cloison et tombe sur l'objectif, qui la transforme en un faisceau cylindrique de rayons parallèles dirigés sur le poste correspondant, lequel est muni d'un appareil semblable. Une lunette, fixée sur l'un des côtés de la caisse de tôle, permet de lire les signaux adressés de l'autre poste.

La manière d'opérer ne présente aucune difficulté. Au moyen d'une poignée extérieure, l'opérateur fait manœuvrer l'écran obturateur de telle sorte qu'en couvrant plus ou moins le petit trou qui donne passage aux rayons lumineux, il produit des éclairs plus ou moins longs, correspondant aux traits et aux points de l'alphabet de Morse. Le correspondant lit ces caractères à l'aide de sa lunette et répond de la même façon.

Pour emprunter au soleil ses rayons lumineux, quand la chose est possible, — il suffit d'enlever la

lampe, les deux petites lentilles et le miroir concave.
A celui-ci on substitue un miroir plan, et aux deux
petites lentilles une lentille unique plan-convexe. Un
héliostat, c'est-à-dire un miroir qu'un mouvement
d'horlogerie maintient dans une position constante par
rapport au soleil, est placé au-dessus de la caisse, de
manière à recevoir les rayons solaires et à les transmettre au miroir placé dans l'intérieur. De cette façon,
le télégraphe optique utilise la puissante radiation
du soleil pour les dépêches transmises en plein
jour.

Le télégraphe à lentille est donc essentiellement por-
tatif. On le met en position, sur un point de la plus
grande altitude possible, au moyen d'un support à
trois pieds.

Le télégraphe télescopique en diffère par des proportions plus considérables, des organes plus puissants, et l'emploi de la lumière électrique ou
oxhydrique au lieu de celle du pétrole. On l'installe à
poste fixe et la portée des signaux qu'il émet est plus
grande. Cette portée est, d'ailleurs, fort variable,
pour l'un comme pour l'autre des deux appareils,
suivant les lieux et l'état de l'atmosphère.

Les appareils à lentille, dont le calibre varie de
14 à 50 centimètres, permettent de communiquer à
des distances variant de 30 à 120 kilomètres. Les
appareils de place, dont le calibre varie de 35 à
60 centimètres, permettent de communiquer entre
50 et 220 kilomètres, en dépit et par-dessus la tête de
l'ennemi furieux mais impuissant,

Pour les signaux de nuit, à de courtes distances, on
se sert plus simplement de lanternes, et, pendant le
jour, de drapeaux. En France, les drapeaux de signaux
sont d'un seul type, s'adaptant à la capacité du sac
du soldat. Ils sont blancs d'un côté, rouges de l'autre,
couleurs facilement visibles, se détachant en vigueur,
et que l'on emploie à propos, suivant que le fond du

terrain sur lequel ils doivent se dessiner, est sombre ou clair.

Tout récemment, au cours de manœuvres impériales, l'armée allemande a été la première à utiliser la télégraphie sans fil pour les opérations militaires.

Ce système a rendu de très grands services. On a beaucoup apprécié les postes mobiles qui, avec leurs voitures de matériel, ont pu suivre avec facilité les mouvements des unités auxquelles ils étaient affectés.

Les postes mobiles des divisions de cavalerie ont particulièrement bien fonctionné. Ils ont permis de relier chaque jour, dès l'arrivée au gite, les quartiers généraux de ces divisions avec le grand quartier-général.

Grâce à la télégraphie sans fil, la rapidité, la sûreté et la précision de transmission des renseignements concernant la position et les mouvements de l'ennemi, ont permis d'éviter presque complètement les transmissions à grande distance par l'intermédiaire des estafettes montées, qui se fait assez lentement, et ont eu souvent une influence décisive sur le plan des opérations.

Des expériences sont faites également pour relier les places fortes par la télégraphie sans fil, entre Thorn, Kulm, Graudenz, Pillau et Kœnigsberg.

On sait que la France n'est pas restée en arrière. Paris est relié par la télégraphie sans fil, au moyen de la tour Eiffel, avec la frontière de l'Est, et nul doute qu'en cas de guerre, nous aurions, comme les Allemands, des équipages de campagne de ce système de communications.

§ 4. — Les pigeons-voyageurs.

L'importance du rôle que peuvent jouer en temps de guerre les pigeons-voyageurs lorsque tous les autres modes de communication viennent à faire défaut, n'est plus à démontrer. La transmission des dépêches par pigeons messagers a fait ses preuves, et les progrès de la colombophilie ont permis de perfectionner considérablement ce système. Les gouvernements et l'initiative privée ont rivalisé de zèle pour doter toutes les parties des différents pays d'un stock important de ces rapides messagers, bien entraînés, et prêts à rendre les plus signalés services.

En France, on a distribué des postes sur toute la frontière orientale, en les reliant aux principales grandes villes de la région, et aussi à Paris, *directement* ou *indirectement*, suivant la distance.

Les différents postes sont séparés par des intervalles qui varient de 80 à 300 kilomètres, distance qu'un pigeon bien entraîné peut facilement franchir en une seule étape. Cette distance est fort variable, d'ailleurs, suivant la nature du terrain; tel pigeon qui, dans un pays plat, franchit aisément 400 et même 500 kilomètres, n'en franchira que 50 à 150 dans un pays accidenté. Aussi doit-on tenir compte de toutes les circonstances lorsqu'on choisit l'emplacement d'un colombier.

On établit dans chaque poste autant de colombiers différents, ou de parties de colombiers distinctes, qu'il y a de stations correspondant avec ce poste. Ainsi Paris a autant de colombiers différents qu'il y a de directions organisées entre la capitale et ces frontières du nord, du nord-est et du sud-est, ces deux dernières ayant comme postes de relais intermédiaires, Langres, Dijon et Lyon.

Outre les colombiers militaires officiels, tous les pigeons-voyageurs appartenant à des particuliers sont, en France, l'objet d'un recensement minutieux, donnant la facilité de les retrouver promptement et de les utiliser en cas de guerre. C'est une véritable organisation qui se trouvera en mesure de fonctionner si les circonstances l'exigent.

En somme, l'outillage nécessaire au service de reconnaissances de l'armée à son entrée en campagne, et à la transmission des renseignements et des ordres, est, dès le temps de paix, au grand complet, et il est suffisamment souple, quelles que soient les circonstances qui se présentent, pour ne pas donner de mécomptes.

VII

SUR LA LIGNE DU FEU !

COMMENT S'ENGAGE LA BATAILLE MODERNE. — MÉNA-
GEZ VOS CARTOUCHES ! — IL FAUT S'ABRITER LE PLUS
POSSIBLE CONTRE LE FEU DE L'ENNEMI, EN ATTEN-
DANT LE MOMENT FAVORABLE POUR PASSER A L'OF-
FENSIVE.

Le moment est venu de prendre le contact avec
l'ennemi.

Les deux armées adverses se sont concentrées et se
trouvent en présence le long d'un front qui se développe sur une étendue de 80, de 100 kilomètres,
peut-être plus !

Déjà la cavalerie et les autres troupes de couverture
ont préludé à la lutte suprême par une série d'engagements qui, en retardant l'ennemi, ont permis à la
concentration de s'achever, si bien que l'armée dispose maintenant de tous ses moyens d'action.

D'interminables *chaînes de tirailleurs*, onduleuses,
flexibles, s'allongent à perte de vue, se dissimulant
de leur mieux derrière tous les abris, suivis de leurs
soutiens à 250 mètres en arrière, puis à 300 mètres
plus loin, des *réserves de bataillon*.

C'est la *première ligne*.

La *deuxième ligne*, séparée de la première par une
distance qui oscille entre 300 et 600 mètres, est constituée par les *réserves de régiment*, à raison d'un
bataillon par régiment.

Enfin, en *troisième ligne*, séparées de la deuxième
ligne par un intervalle qui varie également entre 300
et 600 mètres, se trouvent les *réserves de la division*,
constituée par deux régiments entiers, — la première
et la deuxième ligne absorbant les deux autres.

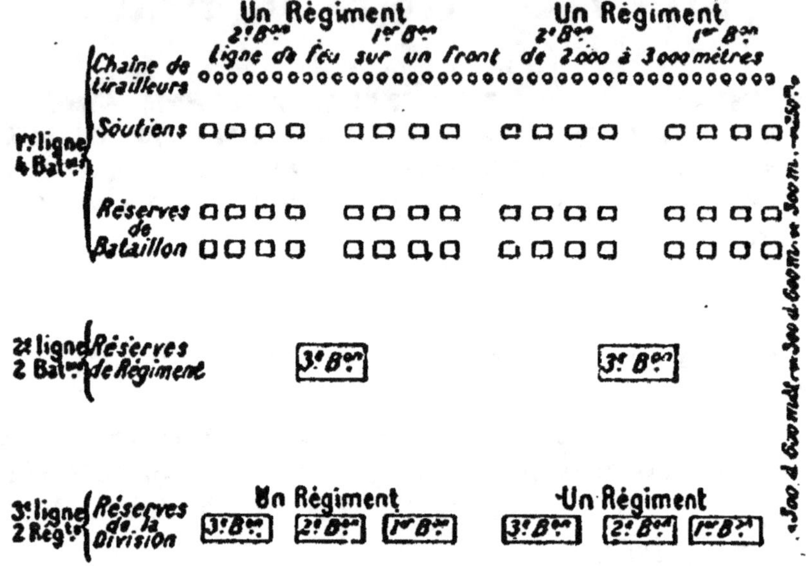

Ordre de bataille d'une division d'infanterie.

Les réserves de corps d'armée s'échelonnent
encore plus loin en profondeur, et les crêtes sont cou-
ronnées par l'artillerie.

La cavalerie évolue ou attend des ordres, dans les
intervalles ou sur les ailes.

Ce n'est pas un choc brutal, uniforme et simultané,
qui va se produire sur tous les points, comme dans les
grandes guerres d'autrefois.

La bataille moderne est une lutte complexe, faite
d'engagements partiels, d'alternatives d'avances et
de reculs, une sorte de gigantesque partie d'échecs,
où la stratégie et la tactique ont également leur part,
et qui peut se poursuivre *pendant plusieurs jours*,

avant que la phase préparatoire soit terminée et que la supériorité de l'un des deux adversaires se dessine.

C'est ce que l'on a pu constater récemment, au cours des plus importantes batailles qui ont eu lieu en Mandchourie entre les Russes et les Japonais.

Tantôt le centre, tantôt les ailes progressent ou reculent, gagnant ou perdant fort peu de terrain, jusqu'au moment où les combinaisons du haut commandement ont préparé la phase décisive. Alors, sur le point ou sur les points où doivent porter les principaux efforts, l'attaque devient vive, hardie, définitive. Tout l'ensemble des deux armées donne à la fois en une lutte finale qui décide de la victoire ou de la retraite.

Mais pendant ces deux périodes, les armées en présence ne cessent pas de faire une énorme consommation de munitions, tant pour la préparation de l'offensive que pour l'offensive elle-même, et ainsi se pose l'un des plus pressants et des plus difficiles problèmes à résoudre pour les troupes qui se trouvent sur la ligne du feu.

Le ravitaillement en munitions.

L'infanterie française est armée du fusil Lebel modèle 1886, à répétition et à magasin de 8 cartouches. Le calibre est de 8 millimètres, avec quatre rayures en hélice. Le canon est bronzé afin de diminuer son éclat et sa visibilité sous les rayons du soleil.

Le fusil Lebel est long de 1^m,307 et pèse 4^{kg},180. Sa portée maxima est de 3200 mètres. Sa balle est meurtrière à toutes les distances et peut encore traverser un homme à 3000 mètres.

La carabine de la cavalerie (modèle 1890) et le mousqueton de l'artillerie (modèle 1892) sont des armes analogues au fusil 1886, mais d'une longueur plus faible. Elles sont à chargeur de 3 cartouches, de même modèle que la cartouche du fusil Lebel.

Or, voici comment se trouvent répartis les approvisionnements en cartouches sur la ligne de bataille et en arrière.

Sur la ligne même de bataille, chaque homme d'infanterie porte 120 cartouches, et les voitures de compagnie, toujours à proximité, renferment, en outre, 65 cartouches par homme.

Les munitions du parc de corps d'armée suivent en deux échelons, dont le *premier* porte 44 cartouches par homme, susceptibles d'être distribuées sur la ligne du feu, une heure après l'ouverture de la fusillade.

Une demi-heure après l'arrivée des cartouches du premier échelon, celles du deuxième échelon peuvent être distribuées à raison de 66 cartouches par homme.

Mais ensuite le réapprovisionnement ne peut être effectué qu'à l'aide des munitions dont disposent les *grands parcs d'artillerie d'armée.*

De même, chaque homme de la cavalerie de corps et de la cavalerie des divisions indépendantes est porteur de 48 cartouches. La cavalerie de corps dispose encore de 11 cartouches par homme, dans le premier échelon de munitions du parc de corps d'armée, et la cavalerie indépendante, du même nombre, dans les caissons de cartouches des batteries.

Cela donne, au total, 295 cartouches par fantassin et 59 cartouches par cavalier.

L'infanterie étant surtout appelée à maintenir sur la bataille un feu prolongé, il est intéressant de rechercher combien de temps dureraient ces 295 cartouches, si on les dépensait *sans interruption* au taux de tir le plus rapide que puisse atteindre le fusil Lebel.

Il ne faudrait pas plus de *vingt-quatre minutes et demie* pour les épuiser !

Ce chiffre est absolument théorique, puisque en fait, le soldat ne dispose, sur la ligne de bataille, que de 185 cartouches, et qu'il lui faut attendre une heure et une heure vingt, avoir de pouvoir être réapprovisionné par les deux échelons de munitions du parc de corps d'armée.

Mais il montre, d'une manière saisissante, en combien peu de temps pourrait se trouver *désarmée* une troupe qui profiterait de la rapidité de tir du Lebel pour gaspiller ses munitions.

Il est donc de la plus haute importance que les hommes tirent avec calme et méthode, en se conformant aux ordres qui leur sont donnés.

On peut prendre les munitions des camarades blessés ou tués, mais tout déplacement d'hommes d'avant en arrière pour se ravitailler en cartouches est absolument interdit.

Ce sont les hommes des compagnies de réserve qui apportent les cartouches d'augmentation aux compagnies de première ligne.

Une compagnie de réserve forme une corvée de 36 hommes. Les deux tiers d'entre eux reçoivent chacun un bissac contenant 64 paquets de cartouches. Les 12 autres servent à relever les porteurs fatigués ou blessés. La corvée fait le va et vient entre les combattants et les voitures ou caissons, passant ainsi sous les balles sans prendre part au combat.

Les réflexions que nous venons de faire relativement à la rapidité de l'épuisement des munitions de l'infanterie s'appliquent également à celles de l'artillerie.

Le nouveau canon de campagne à tir rapide de l'armée française est du calibre de 75 millimètres. Cette pièce est en acier au nickel, et le système de fermeture de sa culasse est à vis excentrée. Elle emploie des cartouches semblables à celles du fusil moderne de l'infanterie. Le projectile, de forme allon-

gée, fait corps avec la douille de la cartouche, en lai-
ton, qui contient la poudre sans fumée. L'ensemble
atteint 75 centimètres de longueur.

En ouvrant la fermeture de culasse, le servant de
gauche enlève la douille vide, et la remplace par la
cartouche complète avec son projectile. La culasse
est refermée, et, après pointage, le cordon de l'étou-
pille est tiré par le servant de droite.

On sait que, dans les pièces ordinaires, l'effet du
recul se produit sur l'affût. Ici, le mouvement de la
pièce en arrière agit sur un frein à glycérine, et elle
est ramenée en avant par l'expansion de l'air qu'elle
a comprimé en reculant. Ce dispositif, qui a reçu le
nom de frein hydropneumatique, est également
adopté aux obusiers de campagne de 120 millimètres.

Une partie du recul se transmet néanmoins à l'affût,
mais sa crosse est munie d'une bêche, qui, dès les
premiers coups, s'enfonce solidement en terre, et
l'empêche d'aller plus loin, en même temps que
deux patins de roues immobilisent celles-ci.

La rapidité de tir du canon de campagne de
75 millimètres provient donc : de la solidarité du
projectile et de la cartouche, et de la suppression du
recul de l'affût, ce qui permet de charger et de pointer
en même temps.

Cette pièce tire ordinairement *cinq coups* par
minute, mais on pourrait obtenir jusqu'à *vingt-quatre
coups*, s'il ne fallait pas avoir égard aux nécessités
de l'approvisionnement en munitions.

Les projectiles sont, soit un obus à balles, renfermant 290 balles de 12 grammes, et un obus à mélinite. Celui-ci est employé pour détruire des abris
résistants. Chaque projectile est muni d'une fusée
fusante, percutante ou à double effet, destinée à
obtenir l'éclatement à la distance voulue.

La portée du canon de 75 millimètres est de
8500 mètres.

De chaque côté de la pièce sont disposés deux boucliers d'acier pour protéger les servants dans la mesure du possible.

Le canon de campagne français de 80 millimètres, sujet au recul, et n'ayant pas de cartouche de chargement, possède un tir moins rapide, qui à son maximum de vitesse, ne peut dépasser 11 coups par minute.

Sa portée est de 7000 mètres et il tire, comme la pièce de 75 millimètres, des obus à balle et des obus à mélinite.

Chaque pièce de 75 millimètres possède, dans les coffres des batteries, un premier approvisionnement de 312 coups sur la ligne de bataille.

Les munitions du parc de corps d'armée lui parviennent en trois échelons, le premier et le deuxième fournissant chacun 62 coups par pièce, le troisième 64 coups.

L'ensemble des projectiles dont peut disposer une pièce de 75 millimètres dans les vingt-quatre heures qui suivent l'ouverture du feu, lui permet de tirer 501 coups.

Dans le même intervalle de temps, la pièce de 80 millimètres dispose de 459 coups.

Or, la pièce de 75 millimètres, en soutenant un feu *théorique* ininterrompu de 24 coups par minute, aurait épuisé toutes ces munitions en 21 minutes.

Il n'en est pas ainsi dans la pratique, parce que la vitesse du tir se trouve déterminée et réglée par les circonstances, et aussi par la nécessité de conserver des munitions jusqu'à l'arrivée des trois échelons successifs de ravitaillement.

Comme pour les cartouches, le réapprovisionnement est assuré par les grands parcs d'artillerie d'armée.

Les abris contre le feu.

Tout récemment, M. A. Gervais, député, membre de la Commission de l'armée, attirait l'attention sur les deux exigences impérieuses du combat moderne : tirer et s'abriter. Le fusil donne satisfaction à la première ; il faut résoudre l'autre par l'outil.

En même temps qu'on s'efforce de diminuer la visibilité de l'uniforme et des armes, qu'on instruit l'homme à profiter de tous les couverts, il faut faire davantage encore pour le soustraire aux effets du feu, et le moyen le plus efficace est de lui permettre, à sa place de combat, de se créer l'abri nécessaire ou de perfectionner celui dont il pouvait profiter.

M. Gervais insistait sur les enseignements éclatants des guerres d'hier, celle du Transvaal et celle de la Mandchourie.

Au combat de Modder River, disait-il, qui mit aux prises les troupes de lord Methuen et les contingents de Cronje et de Delarey, les Anglais, couchés par les premières décharges des républicains, restèrent étendus sous le feu pendant cinq heures d'angoisses, aux prises avec une chaleur torride, avec la soif et la faim, car ils étaient à jeun depuis la veille. Ils firent partiellement quelques tentatives pour avancer, mais partout une nappe de plomb les riva au sol, les abattant dès qu'ils faisaient mine de se relever. Les Anglais ne savaient où ils étaient ni ce qu'ils avaient à faire, car ils ne voyaient rien de l'ennemi. Celui-ci était tellement caché, malgré l'intensité de son tir, que ces Anglais, de leur propre aveu, ont combattu toute la journée sans même se douter de l'existence de l'avant-ligne.

Mais l'incident le plus caractéristique est l'attaque de la hauteur de Spion-Kop. Les Anglais s'étaient emparés, par une opération de nuit, du plateau de Spion-Kop et s'y étaient sommairement retranchés.

Au jour, ils furent vivement attaqués par les Boers, qui opérèrent un brusque retour offensif, et, par suite de l'insuffisance du nombre de sapeurs du génie et le défaut d'outils de pionniers, ils furent écrasés par le feu. Pour se protéger contre les rafales de la mousqueterie, les ravages des mitrailleuses et des grosses pièces, n'ayant aucun outil, les hommes, disent les rapports officiels, creusèrent des abris avec leur mains.

Tout dans la guerre du Transvaal et tout aussi dans la guerre russo-japonaise démontre la nécessité de doter le soldat d'infanterie d'un outil pour le combat. Si on ne doit pas adopter l'outil individuel, il faut, au minimum, décider qu'il y aura un outil pour deux hommes.

Il est certain qu'à la guerre, tout dépend de la bonne utilisation du terrain. Pour tenir bon sur une position importante, l'homme aide la nature en fortifiant le point occupé. Sur une croupe, il installe une tranchée, une redoute ; en avant d'un bois, il crée des abatis ; il transforme un fossé de grand chemin en une barrière infranchissable.

Cela fait, ses forces sont décuplées. Moralement, il se sent invincible. En se tenant sur la défensive, il prépare l'offensive, attendant le moment propice pour sortir de ses retranchements et foncer sur l'ennemi.

En prévision de ces travaux de campagne que l'on appelle des défenses improvisées, les corps d'infanterie, suivant le rôle qu'ils ont à remplir en temps de guerre, reçoivent un ou plusieurs, assortiments d'outils : outils portatifs de compagnies ; — outils portatifs pour sapeurs hors rang ; outils portatifs de pourvoyeurs de munitions ; — outils de parc pour chargement de voiture de compagnie ; outils de parc pour chargement de mulet de bât, etc.

Dans chaque compagnie, on se partage, pour les porter sur les sacs ou à la ceinture, 8 bêches, 4 pioches 3 haches portatives, 4 pics à tête, 1 scie articulée 1 cisaille à main et 13 hachettes de campement.

Sur la voiture de compagnie se trouvent 16 pelles rondes, 2 pelles carrées, 12 pioches, 4 haches, 2 serpes, 4 scies passe-partout, 3 pinces, 1 caisse d'outils d'art.

Sur la voiture régimentaire sont transportées 50 pelles rondes, 25 pioches, 20 haches de bûcheron,

20 serpes, 4 scies passe-partout, 3 pinces et 1 caisse d'outils d'art.

Les outils d'infanterie servent à remuer la terre, lever les gazons, écrêter les murs, etc.

Les meilleurs retranchements sont ceux qui, sans être très visibles de loin, permettent aux défenseurs de bien voir le terrain à battre, et de se porter facilement en avant. Ils doivent pouvoir être construits rapidement et permettre de se tenir commodément pour tirer.

En vingt minutes, en un quart d'heure même, un homme peut pratiquer une tranchée-abri, le mettant à couvert des projectiles de l'ennemi. S'il dispose de plus de temps, il peut perfectionner son trou et le remblai qui le couvre, accroître l'épaisseur de celui-ci et se mettre non seulement à l'abri des balles mais presque hors de l'atteinte des obus.

Un petit groupe d'hommes peut improviser pour sa sauvegarde des travaux défensifs, tels que des levées de terre avec banquette de tir en arrière ou des abatis d'arbres.

Le long des routes encaissées, on creuse une tranchée-abri du côté de la route opposé à celui où se trouve l'ennemi. La route en contre-bas constitue alors, pour celui-ci, un obstacle difficile à franchir.

En arrière des haies et des clôtures, on creuse un fossé dont les terres sont rejetées du côté de la clôture, et l'on pratique dans celle-ci des éclaircies permettant de voir et de tirer.

Dans les murs minces, on perce des créneaux à la pioche; on les pratique avec le pic dans les murs épais, en les espaçant de 1^{m},50 à 2 mètres. Avec une pioche, il faut 25 minutes à un homme pour pratiquer un créneau dans un mur de 40 centimètres d'épaisseur.

Au-dessus des créneaux bas, les murs peuvent recevoir un deuxième étage de plus. Pour cela, on les écrête, on y place des sacs de terre, et on installe en arrière une banquette formée de tonneaux, de planches, etc.

Derrière les grilles, on creuse une tranchée-abri.

Pour constituer de solides abatis, on coupe des arbres de 15 à 50 centimètres de diamètre, et on les fait tomber en avant de la ligne de défense *sans les séparer du tronc*. Si on doit les transporter, on les fixe à leur emplacement définitif à l'aide de piquets plantés en terre.

En deux heures, une compagnie d'infanterie peut faire un abatis de 150 mètres de longueur sur trois rangées d'arbres. Derrière un tel obstacle, elle n'a rien à craindre de la cavalerie et peut victorieusement arrêter l'infanterie.

Le service de santé sur le champ de bataille.

Pendant la période préliminaire de la bataille que l'on appelle la *phase de préparation*, les infanteries et les artilleries se trouvant encore à des distances considérables les unes des autres, les blessés sont relativement peu nombreux et se trouvent éparpillés sur toute l'étendue du front.

Dans la *phase décisive*, au contraire, l'engagement se produit à fond, par grosses masses et à des distances rapprochées. L'infanterie, par des feux de salve répétés, couvre les bonds successifs qu'elle exécute jusqu'au moment où, suffisamment rapprochée de l'obstacle qu'elle a en vue, elle donne l'assaut.

Pendant ce temps, l'artillerie réduit progressivement ses distances, et agit également par groupes compacts.

Enfin, la cavalerie développe toute sa puissance.

Il en résulte que les coups sont portés de toutes parts d'une façon intensive et que les blessés s'accumulent par tas ou en lignes épaisses.

Pour faire face à cette situation, voici les moyens dont

dispose, en France, le service de santé en campagne.

Il se divise en *service de l'avant* et en *service de l'arrière.* Le premier comprend toutes les formations sanitaires qui marchent avec le corps d'armée ; le second comprend celles qui font partie de l'armée, mais qui ne marchent pas avec le corps d'armée, et qui restent échelonnées en arrière des armées d'opération.

Le *service de l'avant* est composé de trois échelons :

1° Le *service régimentaire,* destiné à donner les premiers secours en station, en marche et pendant le combat ;

2° Les *ambulances,* appelées à compléter l'action du service régimentaire en marche et en station, à recevoir les blessés relevés sur le champ de bataille et à leur donner les soins nécessaires pour qu'ils puissent être rapidement évacués ;

3° Les *hôpitaux de campagne,* destinés à relever les ambulances dans la soirée ou au plus tard dès le lendemain du combat ; à continuer les évacuations, à traiter sur place les malades et blessés non évacués ; enfin, à renforcer éventuellement l'action des ambulances sur le champ de bataille.

Le *service de l'arrière* doit faire face à l'hospitalisation sur place, à l'évacuation et au réapprovisionnement.

A cet effet, il comprend :

1° Les *hôpitaux de campagne temporairement immobilisés* dans la zone de l'arrière pour traiter sur place les malades et les blessés qui ne peuvent être transportés : sont compris dans cette classe les hôpitaux et hospices permanents qui se trouvent près des lignes de concentrations ou sur les territoires occupés, — ainsi que les hôpitaux *auxiliaires* créés par les sociétés de la Croix-Rouge ;

2° Les *hôpitaux d'évacuation,* placés à chaque tête

d'étapes de route et à chaque station tête d'étapes de guerre. Ils sont dotés d'une réserve de médicaments, de pièces de pansement et de matériel qui leur permet de réapprovisionner les formations sanitaires et les corps de troupes ;

3° Les *infirmeries de gares* et les *infirmeries de gîtes d'étapes*, établies sur le parcours des lignes d'évacuation ;

4° Les *transports d'évacuation*, soit par trains d'évacuation sur les voies ferrées, soit par convois d'évacuation sur les routes et les voies d'eau ;

5° Les stations-magasins.

Au cours des opérations, des *dépôts de convalescents* peuvent être installés le long des lignes de marche et d'évacuation ; ils reçoivent les convalescents qu'il n'est pas nécessaire de rapatrier. Les hommes momentanément indisponibles des corps de troupes qui n'ont besoin que d'un repos de courte durée, sont dirigés, par les soins du commandement, sur les petits dépôts d'éclopés établis par le chef du service de santé des étapes.

Les formations sanitaires de l'avant et celles de l'arrière sont séparées par la limite de la zone des étapes.

La direction et le fonctionnement des formations de l'avant appartiennent exclusivement aux médecins militaires. De la liaison constante et de l'action concordante de leurs trois éléments dépend le fonctionnement régulier du service de santé sur le champ de bataille.

Le *poste de secours* est le premier échelon par lequel passent les blessés. Il est constitué par les médecins, les infirmiers et les brancardiers du régiment, pourvus du matériel fourni par leurs voitures médicales.

Chaque bataillon est doté d'une de ces voitures qui porte huit brancards et six paniers contenant un

matériel suffisant pour la confection de 300 pansements. En outre, parmi certains autres objets d'impor-

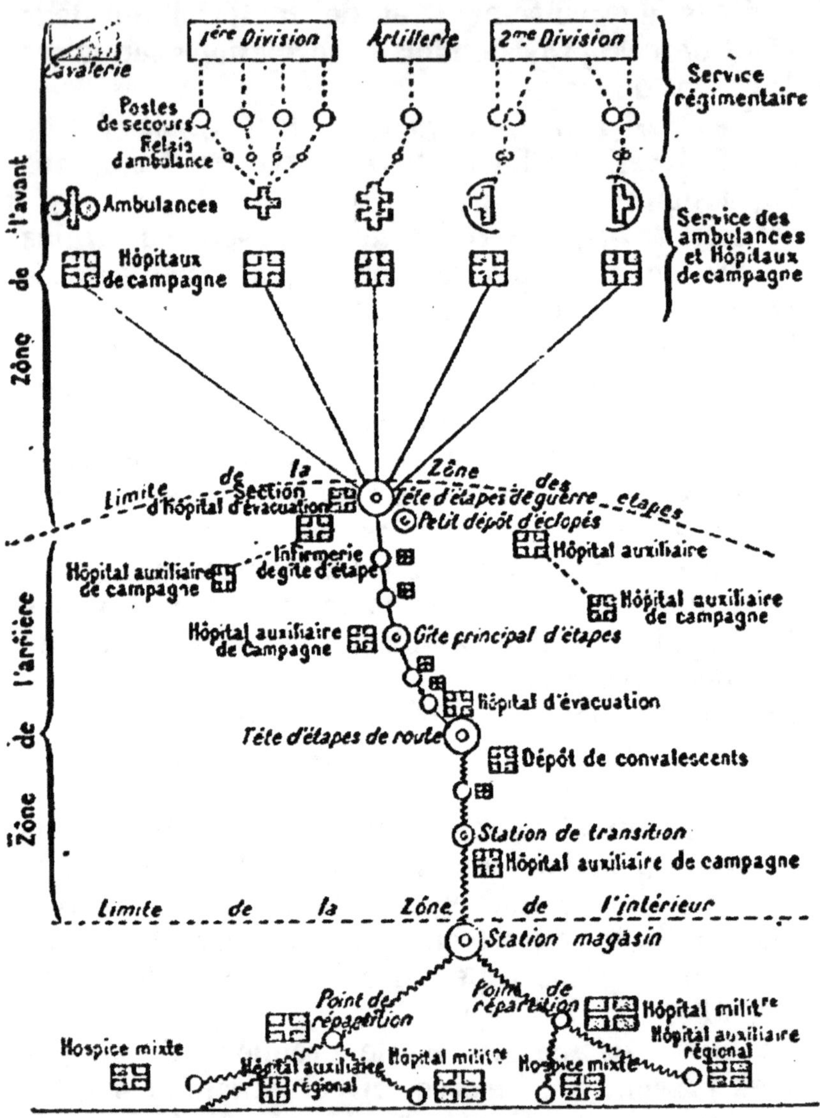

Graphique de l'organisation du service de santé en campagne.

tance moindre, transportés en vrac, se trouvent
10 musettes à pansements, destinés aux équipes de
brancardiers, avec 20 pansements dans chacune.

7.

Le bataillon a donc toujours avec lui de quoi parer à 500 blessures.

A ces ressources, s'ajoute l'appoint fourni par le *paquet individuel de pansement* que possède chaque combattant, depuis le général en chef jusqu'au soldat de 2ᵉ classe. Dans de très nombreuses circonstances, ce paquet individuel permettra de pratiquer, avec toutes les garanties d'antisepsie désirables, le traitement des blessures, alors qu'il n'est pas possible de s'adresser au matériel du poste de secours.

Le moment de l'installation de celui-ci et sa distance du front de bataille, varient nécessairement avec les circonstances. Une règle uniforme ne pourrait convenir à tous les cas.

En principe, pendant la *phase de préparation,* alors que les infanteries adverses sont à 600 ou 700 mètres l'une de l'autre, et que l'artillerie tire à 2 000, 3 000 et 4 000 mètres, — les blessés étant relativement peu nombreux et dispersés sur toute l'étendue du champ de bataille, le poste de secours peut être établi à 1 000 ou 1 200 mètres, à l'abri des feux de mousqueterie, sur un sol mou qui empêche les projectiles de ricocher, protégé par un abri naturel, par un pli de terrain, mais éloigné de maisons ou de constructions qui peuvent attirer le feu de l'ennemi.

Les brancardiers, profitant des accalmies, vont à la recherche des blessés, qu'il est possible de bien examiner, de panser avec le matériel des voitures et de diriger ensuite, pourvus d'une fiche de diagnostic, blanche ou rouge, suivant que le blessé devra être hospitalisé sur place ou évacué sur l'arrière.

Mais, dans la *phase décisive,* généralement courte et très meurtrière, le poste de secours devra se former le plus tard possible, étant donné que les brancardiers ne pourront entrer en action qu'au moment des accalmies du combat ou après sa cessation.

Tant que durera la lutte, l'instinct de la conservation amènera les blessés les moins gravement atteints à se rassembler derrière un abri du terrain pour s'y mettre en sûreté. Ils gagnent ce point en marchant courbés ou en rampant, constituant ainsi des groupes, des *nids de blessés*, où les brancardiers viendront les chercher, en brancard, dès que les circonstances le permettront, et en utilisant habilement les défilements. Ils seront pansés par les médecins du régiment, un peu plus sommairement que dans la phase précédente, et c'est alors que le paquet individuel sera à peu près uniquement employé.

Du poste de secours, les blessés seront transportés à l'aide du brancard s'ils ne peuvent marcher, au relai d'ambulance, où viendront les prendre les brancardiers de cette formation sanitaire.

A l'ambulance, on ne fait, s'il y a lieu, qu'une revision du pansement, pour évacuer le blessé, le plus rapidement possible, sur l'hôpital de campagne, formation plus stable et plus confortable.

Ce qui presse le plus, c'est de relever le blessé, — non pas tant pour le panser, que pour l'éloigner du lieu de la lutte. On admet généralement que *le transport prime tout*. Cela ne veut pas dire que le brancardier doit aller, pour secourir son camarade, jusqu'à la ligne des tirailleurs, au moment même où la bataille fait rage. Outre que la plupart des blessures ne seront pas aggravées si elles ne sont pansées qu'au bout de quelques heures, on risque, pour tenter de sauver une minorité de blessés, menacés de succomber à des hémorragies, d'augmenter le nombre des pertes en attirant le feu de l'ennemi sur les brancardiers et sur les blessés qu'ils transportent ou qu'ils soignent. Si, à la guerre, il faut savoir faire la part des sacrifices nécessaires, il convient de ne pas s'exposer à en faire qui seraient absolument inutiles. Or, les nuées de projectiles lancés par les fusils fournissent une longue course à trajectoire tendue, et les shrapnels couvrent de leurs balles une vaste surface de terrain, ne respectant ni les blessés ni le personnel sanitaire.

Les moyens de transport du service régimentaire sont, pour chaque division :

48 brancardiers par régiment...................... .			192
16	—	par bataillon de chasseurs	16
24	—	par groupe de 6 batteries d'artillerie.	24
4	—	pour la compagnie du génie..........	4
		Total.........................,	236

Plus, comme gradés, un caporal par bataillon et un sergent par régiment.

L'ambulance dispose des moyens suivants :

> 12 brancards,
> 4 voitures à 4 roues,
> 4 — à 2 roues,
> 20 paires de cacolets,
> 10 — de litières,

ainsi qu'un nombre variable de voitures auxiliaires réquisitionnées à cet effet.

En cas de besoin, l'autorité militaire peut requérir le traitement, chez l'habitant, des malades et des blessés, ainsi que les objets de couchage, les médicaments, les moyens de pansement, et, en général, tous autres objets dont la fourniture est nécessitée pour assurer le fonctionnement du service sanitaire.

VIII

LES DÉFENSES FIXES DE LA FRONTIÈRE

ATTAQUE ET DÉFENSE DES FORTS D'ARRÊT ET DES CAMPS RETRANCHÉS. — EN AJOUTANT A SES DÉFENSES FIXES DES DÉFENSES ACCESSOIRES, LA FRONTIÈRE FRANÇAISE PEUT ÊTRE EFFICACEMENT DÉFENDUE.

Après la guerre de 1870, le système défensif de la frontière française a été remanié d'après un principe qui se rapproche de celui des régions fortifiées, sans toutefois en avoir l'ampleur. Ce système a donné lieu à des critiques autorisées portant notamment sur le danger qu'offre, à bien des points de vue, un si grand développement de la fortification de première ligne, alors que celle-ci n'est apte à jouer véritablement le rôle auquel elle est appelée, que si elle peut, *dès le premier instant*, être abandonnée à elle-même, sans aucune mesure transitoire.

Le front de défense s'appuie sur quatre places fortes sensiblement alignées suivant une direction allant du sud-est au nord-ouest, et faisant face au nord-est : Belfort, Épinal, Toul et Verdun.

Les intervalles qui s'étendent entre ces places fortes sont jalonnées par une série de forts, dits *forts d'arrêt*.

Après les troupes de couverture, telle est la première ligne qui s'opposera aux tentatives d'invasion de l'ennemi, et qui devra tenir suffisamment pour que, derrière elle, puissent s'accomplir en toute sécurité, les opérations de la mobilisation et de la concentration.

Les forts d'arrêt commandent les routes, les rivières, les voies ferrées, toutes les vallées. Rien ne peut passer dans leur rayon d'action, et ils sont assez rapprochés les uns des autres pour que nul interstice ne puisse donner accès à l'ennemi.

Celui-ci devra donc forcer l'un deux pour rompre la chaîne qui barre la frontière.

Or, dès la première alerte, chaque fort a reçu son contingent de réservistes et de territoriaux, venus des villages voisins. Dès le temps de paix, il est constamment approvisionné, au complet, en vivres et en munitions.

En conséquence, si les troupes de couverture, après les premiers engagements, sont obligées de se replier à l'abri des forts, ceux-ci sont prêts à remplir leur fonction.

Les bestiaux qui paissaient l'herbe des talus sont enfermés dans des étables fortifiées. Les fenêtres intérieures du fort ont été blindées avec des rails, et les tuyaux d'aération restent seuls ouverts à travers les masses de ciment et les revêtements de terre.

Les artilleurs sont à leur poste, et toute l'infanterie de la garnison a été exercée à la manœuvre du canon, afin de pouvoir la remplacer, si le besoin s'en faisait sentir.

Maintenant, l'ennemi peut approcher.

Dès le temps de paix, sur une carte très précise, couverte d'un quadrillage, toutes les distances ont été soigneusement repérées, et aucune troupe adverse ne peut entrer dans le rayon d'action du fort, qui est d'environ 15 kilomètres, sans que les canons puissent l'y atteindre, même sans la voir, dès qu'elle y est signalée.

Les pointeurs orientent leurs pièces vers le carré du quadrillage qui a été envahi, et leurs projectiles y arrivent avec une précision mathématique, soit le jour, soit la nuit, sans même qu'il soit besoin d'éclairer le terrain avec le projecteur électrique, qui sert uniquement à découvrir les mouvements de l'ennemi.

Or, les moyens dont dispose une armée d'avant-garde sont impuissants contre les défenses d'un fort d'arrêt. Au-dessus de la carapace de béton, on n'aperçoit que la légère saillie des tourelles d'acier qui abritent les gros canons, ceux-ci ne laissant passer leur bouche que par une étroite embrasure.

L'ennemi ne pourra songer à l'attaque que lorsqu'il sera pourvu de matériel de siège et de formidables pièces capables de riposter à l'artillerie de forte-resse.

Une fois qu'il sera en possession de cet outillage, un bombardement sans répit avec des obus en acier fondu, en acier forgé et en acier trempé, causera aux fortifications, quelles qu'elles soient, de sérieux ravages.

En prévision de cette éventualité, la principale préoccupation des défenseurs du fort sera d'empêcher l'agresseur d'installer ses batteries de siège.

Par contre, l'assaillant, par une série méthodique d'habiles et hardies reconnaissances, finira par se rendre compte de la zone dans laquelle il peut se mouvoir sans trop de danger, et arrêtera définitive-ment l'emplacement le plus favorable à l'installation de ses batteries.

Pour détourner l'attention des assiégés, pour les tromper sur les véritables projets des troupes d'inves-tissement, celles-ci simuleront de fausses installations sur divers points, de façon à masquer ou à rendre incertaine la position réelle de leurs travaux d'approche et de leurs canons.

Un chemin de fer de campagne, bien dissimulé

dans les plis de terrain, transportera le matériel de siège, pendant que les fantassins exécuteront les divers travaux de terrassement indispensables, terre-pleins, parapets, galeries d'approche, galeries de communications, etc.

Certes, la défense de la forteresse ne restera pas inactive. Par des sorties soudaines, elle saura sur-prendre et repousser les assaillants, découvrir leurs travaux d'approche, en un mot, prolonger la résistance le plus longtemps possible, pendant qu'en arrière l'armée s'organisera pour les combats décisifs.

Un fort d'arrêt, avec ses affûts à éclipse, ses mi-trailleuses, ses canons à tir rapide, et surtout ses coupoles cuirassées, qui paraissent et disparaissent, se déplaçant avec une extraordinaire facilité, est capable de justifier son nom, en paralysant pendant de longs jours tous les efforts de l'ennemi, même si on a laissé à celui-ci le temps d'installer ses batteries lançant ces terribles obus-torpilles qui pulvérisent sans difficultés des voûtes de maçonnerie protégées par une couche de béton d'un mètre d'épaisseur.

Néanmoins, il est difficile, même en multipliant les sorties dans la plus large mesure possible, d'empêcher un ennemi supérieur en nombre de progresser lente-ment, en se glissant invisible, derrière tous les obstacles : buissons, fossés, plis de terrain, — profitant de la nuit pour opérer les mouvements les plus dangereux.

Mais, pendant la nuit, les forts disposent de réflec-teurs qui permettent de découvrir les évolutions de l'ennemi, et elle favorise également les opérations des assiégés, qui, dans l'obscurité, peuvent réoccuper les positions d'avant-postes, situés aux abords des défenses et dont ils auraient été délogés pendant le jour. Bien retranchées, reliées à leurs réserves par des téléphones volants, ces troupes de défense exté-rieure peuvent se maintenir longtemps dans leurs abris.

Plus la résistance est opiniâtre, plus l'assaillant multiplie les tentatives, en cent endroits différents, afin de tâter partout les forces défensives et de découvrir leur côté faible.

Ce n'est que lorsque l'ennemi a réussi à établir de puissants travaux de siège, qu'il peut, avec ses canons, balayer les terre-pleins et les banquettes sous son ouragan de shrapnels et d'obus explosifs. Alors, pas un homme, pas un canon ne peuvent rester au dehors sur les remparts. Seules, les coupoles cuirassées peuvent tenir tête à l'orage.

L'assaillant pousse devant lui les troupes de la défense active, qui sont bientôt obligées de se replier à l'abri des canons des forts.

L'ennemi peut alors investir l'ouvrage, et établir, un peu partout, sur son pourtour, des batteries qui sont, pour la plupart insaisissables, car les pièces, montées sur des trucs roulants, se déplacent sans cesse le long des tronçons de voies ferrées dissimulés dans les plis de terrain, derrière les haies et les levées de terre. Les officiers du fort, postés dans des observatoires blindés, s'efforcent de les découvrir et téléphonent aux pièces des coupoles, les angles de pointage sous lesquels elles doivent tirer.

Mais les coupoles elles-mêmes, — dès que l'ennemi se trouve en possession d'un puissant matériel de siège, bien installé, bien abrité, et abondamment pourvu de munitions, — sont soumises à de rudes épreuves. Outre les obus ogivaux, elles reçoivent de lourds projectiles en acier dur, dont le sommet, terminé en forme de coupe creuse, joue l'office d'un véritable emporte-pièce. L'arête vive de la coupe mord, en effet, profondément, le métal de la coupoule, soulevant chaque fois un copeau barbelé.

D'autres projectiles atteignent l'avant-cuirasse et ils sont plus dangereux peut-être que les premiers, car, s'ils parviennent à s'ouvrir un chemin à travers le béton qui constitue la ceinture de l'ouvrage, rien ne protège plus les œuvres vives de la coupole qu'une faible carcasse de tôle légère, bien facile à crever.

Si le fort d'arrêt parvient à obliger l'ennemi à entreprendre un siège régulier, c'est un succès, — car les cheminements pénibles exécutés au moyen de tranchées exigent beaucoup de temps, — et la mission de la forteresse consiste justement à gagner du temps pour que l'armée puisse tranquillement compléter tous ses préparatifs.

Pour prolonger encore davantage la défense, la garnison du fort se tient prête, à toute heure, à repousser les colonnes d'attaque qui peuvent surgir à l'improviste des tranchées et des couverts pour s'emparer de l'ouvrage de vive force. En prévision de ces attaques, de larges zones, sur le pourtour du fort, sont garnies de défenses accessoires : petits piquets, abatis, rideaux de fil de fer, — juste sous le feu des mitrailleuses et des canons à tir rapide qui garnissent les petites tourelles à éclipse.

Enfin, même si, au prix de sacrifices considérables, l'assaillant parvient à s'emparer de l'un des forts d'arrêt, il ne s'ensuit nullement que l'armée ennemie pourra se déverser désormais sans obstacle dans les lignes situées en arrière.

La marche d'une armée d'invasion n'est pas possible par une semblable brèche tant que des places fortes, telles que Toul, Verdun, Belfort tiendront encore sur ses flancs.

C'est l'opinion autorisée des maîtres de l'art militaire.

D'après le commandant O. Barré, professeur à l'école d'application du Génie, l'organisation du rideau défensif des côtes de Meuse, entre Toul et Verdun, n'est, en somme, que l'utilisation à outrance des propriétés naturelles du terrain. Cette conception est donc de l'ordre le plus rationnel, et toutes les combinaisons militaires qu'on peut y appuyer (pourvu, bien entendu, qu'elles n'aient aucun caractère géométrique préconçu, et, qu'elles tiennent compte des masses en présence), ont une valeur certaine, parce qu'elles n'ont rien d'artificiel. Mais, dans l'application, et surtout dans le développement des projets primitifs, on a été influencé par l'idée qu'on avait là un *rempart naturel* sur lequel *il fallait* s'installer. On a perdu toute mesure et l'on a sacrifié sans s'en rendre compte, sur cet espace restreint, au principe géométrique de la continuité, aux vieux errements des cordons et des murailles de Chine. En un mot, on a voulu surveiller tous les passages, toutes les trouées, alors que les deux places extrêmes étaient stratégiquement suffisantes. M. O. Barré est d'avis que l'occupation de la zone de Saint-Mihiel, à Commercy, où aboutissent les trouées classiques des côtes de Meuse, n'était pas absolument indispensable.

Les mêmes remarques peuvent s'appliquer à l'organisation de la trouée de Belfort. Son idée mère était naturelle. La nature a ouvert là une véritable porte entre le Jura et les Vosges. Il était judicieux de vouloir la fermer. Mais les charges militaires que l'on a assumées en constituant dans tous leurs détails les deux rideaux défensifs de la Haute-Moselle et de la Lisaine dépassent de beaucoup le bénéfice qu'on a cru en tirer en poussant à l'extrême l'organisation de la serrure.

Ces considérations ont pour objet de démontrer que les forts d'arrêt n'étaient pas indispensables pour fermer la frontière à une invasion foudroyante de l'ennemi et que, par conséquent, s'ils étaient emportés, la barrière militaire resterait efficace tant que les armées adverses seraient tenues en respect par les places fortes de Belfort, d'Épinal, de Toul et de Verdun.

La défense des places fortes.

Or, la défense acharnée de ces places fortes est plus aisée encore que celles des forts d'arrêt isolés.

Chacune d'elles constitue un camp retranché *à la moderne*, se composant d'un corps de place autour duquel, dans un rayon d'environ six kilomètres, sont disposés circulairement de grands forts, également distants les uns des autres de six kilomètres en moyenne.

Ces forts sont bétonnés, cuirassés et armés de pièces puissantes sans tourelles, par exemple, de canons de 155 millimètres.

Individuellement, chacun de ces ouvrages n'est pas plus résistant qu'un fort d'arrêt. Ce qui multiplie considérablement leur valeur militaire, c'est la possibilité, pour les troupes du camp retranché, d'avoir une action en dehors des forts eux-mêmes.

En effet, dans les intervalles qui séparent les forts, il existe toute une série d'ouvrages.

D'abord, un grand nombre de batteries. Les unes, sur les crêtes, sont armées de canons légers, plus spécialement affectés à la défense rapprochée. D'autres batteries, en arrière des crêtes, bien masquées aux vues de l'adversaire, sont armées de canons puissants ou d'obusiers qui peuvent agir, pendant toutes les phases du siège, par un tir indirect bien préparé.

En second lieu, des ouvrages d'infanterie faits à l'avance, peu visibles, il est vrai, mais dont l'ennemi aura pu néanmoins déterminer l'emplacement dès le temps de paix.

Enfin, un très grand nombre de tranchées du moment, en simple fortification de campagne. Ces tranchées, très peu visibles, sont protégées par un immense réseau de fils de fer, que l'on peut disposer sur une très grande surface en bien peu de temps.

Telle est la ligne principale de défense, dont la résistance est loin d'être localisée dans les forts.

Mais ce n'est pas tout. A 3 000 mètres environ en avant même des forts, les troupes résisteront sur une première ligne extérieure, organisée au moyen de toutes les ressources de la fortification de campagne. Cette ligne tire sa force, — d'une part, de la puissance actuelle du feu fourni par les fusils et par les canons qui la défendent directement, — d'autre part, de l'appui que lui donne toute l'artillerie des forts et des batteries intermédiaires. On utilise de la sorte la différence de portée utile du canon et du fusil, ainsi que l'a si bien fait Denfert-Rochereau à Belfort. En un mot, le principal moyen de la défense est devenu le feu.

Pendant cette première période du siège, l'artillerie lourde de campagne (obusiers de 15 centimètres et mortiers de 21 centimètres) dont le maximum de portée est de 6 000 mètres, ne peut rien ou presque rien contre les forts.

Tant que la ligne extérieure tient, on ne peut agir contre eux sérieusement qu'avec des canons à longue portée, c'est-à-dire avec un équipage de siège. Ce matériel de siège est, d'ailleurs indispensable, car, tant que l'artillerie des forts et celle des batteries intermédiaires ne seront pas affaiblies, la ligne extérieure, bien défendue par des hommes énergiques, maintiendra l'assaillant loin de la place. Fort probablement, l'artillerie masquée aux vues donnera plus de mal à l'assaillant que celle des forts.

En somme, la prise de possession de la ligne de défense extérieure est une opération de campagne, dans laquelle le rôle de l'artillerie lourde de campagne est insignifiant. Si cette ligne extérieure cède en un point, l'infanterie qui l'aura enlevée, se trouvant tout à coup seule, pour ainsi dire, sous les feux convergents de toutes les batteries de la ligne principale de résistance, est à la merci d'une vigoureuse offensive prononcée par les réserves de la place. Si le défenseur sait bien jouer de ses réserves, et si son artillerie sait bien saisir le moment propice pour envoyer ses rafales, la première ligne de défense sera prise et reprise maintes fois avant que l'assiégeant en ait acquis la possession définitive.

« C'est, dit le général Langlois, ce qui s'est passé tout récemment à Port-Arthur. Pendant toute cette phase, des canons à longue portée sont nécessaires à l'attaque. Nous ne prendrons pas plus Metz ou Mayence avec des canons Rimailho, que les Allemands n'enlèveront Toul ou Verdun avec leur artillerie lourde de campagne. »

Au bout d'un temps plus ou moins long, la ligne extérieure sera cependant définitivement occupée par l'adversaire, qui pourra dès lors faire agir contre les forts son artillerie lourde de campagne concurremment avec ses pièces de siège.

Mais, même si les forts sont réduits à l'inaction, même s'ils sont anéantis, il s'en faut de beaucoup que la place soit enlevée. L'ennemi n'y parviendra qu'après avoir fait taire les batteries intermédiaires et après avoir occupé les ouvrages d'infanterie et les tranchées qui couvrent tout le terrain.

Or, il y a encore là pour lui un obstacle sérieux qu'il ne surmontera qu'au prix d'efforts considérables.

Les batteries masquées sont très difficiles à saisir. On l'a bien vu en Mandchourie, où la lutte entre deux artilleries, invisibles l'une à l'autre, s'est éternisée sans résultats décisifs.

Quant aux tranchées, elles échappent à l'action des bouches à feu en raison de leur développement considérable.

La force de résistance réside donc beaucoup plus, — étant donné l'état actuel de l'art de la guerre, —

dans l'*invisibilité* et dans l'*étendue* des surfaces qui présentent des objectifs nombreux et relativement faibles, que dans des accumulations de béton et de cuirasses. Celles-ci trouveront toujours un engin destructeur qui en aura raison : elles n'auront jamais qu'une valeur transitoire, de courte durée, et ne justifiant pas les dépenses qu'elles exigent.

Aux forts bétonnés et cuirassés, il est préférable de substituer de grands ouvrages offrant de longues lignes de tranchées, de profil léger, s'étayant mutuellement en profondeur, bien protégées par de très grandes surfaces de défenses accessoires, bien soutenues en arrière par un grand nombre de bouches à feu masquées.

ATTAQUE BRUSQUE DES CAMPS RETRANCHÉS

« Nos camps retranchés, dit le général Langlois, même insuffisamment cuirassés, comme on le prétend (peut-être à tort), sont susceptibles d'une longue défense, s'ils ont une garnison suffisante, solide, largement approvisionnée et bien commandée. »

Et il ajoute que, pour les perfectionner, il suffit de procéder aux opérations suivantes, dont l'ensemble est moins coûteux que la dépense d'installation d'une seule tourelle :

« Amorcer les travaux nécessaires à la défense de la ligne extérieure qu'on n'aurait pas le loisir d'exécuter avant l'arrivée de l'ennemi devant les places de première ligne, — travaux incombant à la garnison, qui doit s'habituer à remuer la terre ;

« Constituer sur place de forts approvisionnements de réseaux de fil de fer ;

« Augmenter les approvisionnements en munitions, particulièrement en munitions confectionnées, en poudre sans fumée et en obus incendiaires de petits calibres;

« Augmenter le nombre des bouches à feu de campagne qui doivent former le principal armement des places, car celles-ci ont à lutter seulement contre des travaux de simple fortification légère ou contre des troupes. Ce matériel existe : ce sont nos anciens canons de 90. »

Nos camps retranchés seraient-ils en mesure d'offrir la même résistance, si, au lieu d'une attaque régulière avec des moyens légèrement supérieurs à ceux de la défense, l'ennemi se déterminait à entreprendre ce que l'on désigne sous le nom d'*attaque brusquée*?

« Si l'on veut brusquer la prise d'un camp retranché, dit le général Langlois, — c'est-à-dire faire en peu de temps une tâche qui réclamerait plusieurs mois d'un siège régulier, il est nécessaire, logiquement, de *gagner en puissance ce qu'on perd en temps*. Il est indispensable d'accumuler, pour atteindre le but, des moyens d'écrasement formidables.

« Il faut bien le comprendre, car certains esprits ne voient pas la question sous son vrai jour. Ainsi, une revue d'une grande valeur explique les attaques brusquées si intempestives faites par les Japonais contre Port-Arthur par ce fait que, *n'ayant pas les moyens nécessaires pour faire un siège en règle*, ils ont cherché à enlever la place de vive force, *suivant la méthode allemande*. Voilà certes un raisonnement déconcertant. Comment! on n'est pas assez fort pour briser une résistance en plusieurs mois, et ce serait une raison pour essayer de le faire en quelques heures! Si c'est là le système allemand, ce qui est fort douteux, ce n'est certes pas le nôtre.

« On peut avoir grand avantage à enlever rapidement une place forte; mais, qu'on ne s'y trompe pas, on n'y parviendra qu'en faisant en quelques jours presque autant de sacrifices qu'on en ferait en un siège prolongé. Le siège de Sébastopol fut de si longue durée parce que les Alliés n'avaient pas une supériorité suffisante; l'attaque ne présentait en effet que 140 000 hommes contre 115 000 Russes, 800 pièces alliées contre 1 500 pièces russes.

« Néanmoins, supposons que l'on ait pu faire pleuvoir sur la ville en deux jours le million de projectiles qu'on a lancés en plus d'une année (exactement 1 100 000) : il est très probable que la place eût été prise en quarante-huit heures. C'était du reste impossible avec le nombre restreint de bouches à feu à tir lent qu'on avait mis en ligne. Aujourd'hui, la rapidité toujours croissante du tir facilite de plus en plus l'écrasement subit qu'exige une attaque brusquée. Nous entrevoyons celle-ci de la façon suivante :

« Avec une véritable armée de plusieurs corps et tout l'équipage de siège nécessaire, on refoulera d'abord lestement la défense sur la ligne des forts; cette opération ne sera faite qu'au prix d'assez gros sacrifices en hommes et surtout en munitions. Cela fait, et tout en maintenant l'ennemi dans ses forts, on établira sans bruit tout autour de la place une série de batteries de siège, afin de pouvoir menacer partout à la fois, et on accumulera les moyens d'attaque, sans les dévoiler, dans le secteur qu'on voudra attaquer. Pendant ce temps, qui se comptera en journées et non pas en heures, on réunira auprès des batteries une énorme quantité de munitions, et c'est seulement quand tout sera prêt qu'on accablera inopinément la place sous un feu d'une brutalité inouïe, à l'abri duquel l'infanterie donnera l'assaut. Un feu d'une extrême violence est en effet le meilleur bouclier pour l'infanterie assaillante. Il faut produire un véritable effet d'écrasement, non plus sur un point, comme dans l'attaque d'un fort d'arrêt, mais bien sur un front considérable, non plus pendant une heure, mais peut-être pendant plusieurs jours.

« Nous estimons qu'il y a cependant économie au total d'exécuter une attaque brusquée. En effet, dans le siège régulier, on procure à la défense, par des moments d'accalmie forcée, le temps de réparer les parties endommagées de la fortification, de charger et de coiffer de leurs fusées les projectiles, de réapprovisionner les batteries, de renforcer le secteur menacé, etc. La défense compte beaucoup trop, en général, sur les heures de répit qu'on lui laissera : auprès de chaque pièce, par exemple, elle n'a que le nombre de projectiles suffisant à un tir lent d'un ou deux jours. Sous la violence d'une attaque brusque, l'artillerie de la défense serait dépourvue de munitions en fort peu de temps et incapable de se réapprovisionner. C'est l'une des causes à effacer qui rendent possible l'opération que nous étudions. C'est aussi pour cela que nous insistons sur la nécessité d'augmenter les approvisionnements de nos places en munitions confectionnées, c'est-à-dire prêtes à être tirées immédiatement.

« D'après ce que nous venons de dire, on voit que, pour nous, si l'attaque brusquée est une opération de quelques heures, sa *préparation* demandera des journées entières, des semaines peut-être. La durée de cette préparation dépend du rendement des voies ferrées qui amènent le matériel devant la place, et des moyens de transport des gares aux batteries. »

Par conséquent, que l'attaque de la frontière française soit méthodique, ou qu'elle soit *brusquée*, dans les deux cas, sa préparation exigera un délai suffisant pour que la mobilisation et la concentration puissent s'effectuer en temps utile.

IX

LA PRÉPARATION A LA GUERRE EN ALLEMAGNE

LA PRÉPARATION ALLEMANDE N'EST PAS PLUS PARFAITE QUE LA PRÉPARATION FRANÇAISE. — L'ALLEMAGNE RENOUVELLE SON ARMEMENT. — SON ARTILLERIE NE VAUT PAS L'ARTILLERIE FRANÇAISE.

Quelle que soit la perfection de l'organisation militaire allemande, il ne faut pas s'en faire un épouvantail.

Les événements de 1870-1871, résultats d'une surprise préparée de longue date, ont donné à l'Allemagne un prestige dont son grand état-major a abusé pour se faire une réputation de supériorité qu'il est soi-disant impossible de contester.

Les militaires professionnels de sens rassis sont loin de souscrire à ces prétentions.

L'Allemagne a été surtout favorisée par les circonstances. Ses hommes de guerre ne sont, en aucune façon, des aigles invincibles, et, dans tous les cas, la France ne se trouve plus dans la situation qui a permis les victoires allemandes faciles de 1870-1871.

En un mot, l'organisation militaire française s'est grandement perfectionnée depuis trente-cinq ans. Quant à l'organisation militaire allemande, il ne paraît pas qu'elle ait progressé dans les mêmes proportions. Elle n'est pas inférieure à l'organisation française, mais elle ne fait pas ressortir (sauf quant au nombre des hommes qu'il est possible de mettre sur pied, ce qui n'est peut-être pas un avantage bien réel) de supériorité nettement marquée. Le haut commandement serait même plutôt au-dessous du niveau qu'il avait en 1870-1871.

Quoi qu'il en soit, — en ce qui touche plus particulièrement la préparation directe à la guerre, — s'il fallait s'en tenir aux résultats du dernier recensement, l'effectif des corps allemands de toutes armes stationnés à proximité de la frontière française n'était pas, à cette époque, aussi considérable que l'aurait exigé l'effectif budgétaire.

Voici deux exemples, choisis de telle façon que les calculs puissent être effectués avec la plus grande facilité.

Wissembourg a, comme garnison, un régiment d'infanterie à trois bataillons.

Or, les troupes stationnées en Alsace et en Lorraine sont à l'effectif *fort* (à l'exception de ceux des régiments d'infanterie qui n'ont que deux bataillons). Les chiffres budgétaires assignés audit effectif fort sont les suivants :

État-major de régiment d'infanterie : 3 officiers, 6 médecins, 12 sous-officiers, 45 hommes.

Trois bataillons, comptant chacun : 22 officiers, 2 employés, 74 sous-officiers et 560 hommes.

Par conséquent, un régiment de ce genre doit comporter au total, — officiers compris — 2058 militaires. Cependant, le régiment de Wissembourg ne figurait dans le recensement qu'avec 1945 unités, — soit un déficit de 113 hommes.

D'autre part, la garnison de Morhange compte deux régiments d'infanterie (six bataillons), un groupe monté (trois batteries), et le 4e escadron du 14e régiment de uhlans.

Or, l'effectif budgétaire d'un escadron de cavalerie est de 5 officiers, 19 sous-officiers et 123 cavaliers; — celui d'un état-major de groupe est de 2 officiers, 2 employés, 2 sous-officiers; — celui d'une batterie, de 4 officiers, 21 sous-officiers et 107 hommes.

D'après quoi, la garnison de Morhange devrait représenter un total de 4663 unités. Le recensement ne lui en donne que 4364, soit 299 hommes en moins.

Ces chiffres prouvent que les Allemands ne sont pas *toujours prêts*, comme ils le prétendent et comme on le croit trop facilement.

Ce qui est exact, c'est qu'en raison de la crise suscitée par la question du Maroc, l'instruction des recrues a été poussée plus activement que d'ordinaire, la théorie et la pratique ayant été extrêmement simplifiés. Les instructeurs avaient reçu l'ordre de « parer au plus pressé ».

Au 16e corps, général Stoetzer (Metz), les tirs de guerre eux-mêmes étaient terminés, à la fin de 1905, dans la plupart des régiments, à la grande satisfaction des propriétaires ruraux qui, du fait de ces exercices, subissent un préjudice considérable. En effet, comme le 16e corps ne possède encore, à l'heure actuelle, aucun champ de tir, l'autorité militaire « emprunte » arbitrairement les champs des cultivateurs voisins des garnisons. Elle entoure d'immenses espaces de cordons de troupes, et les tirs s'effectuent de la sorte, tandis que toute espèce de vie est suspendue dans le pays.

L'avis suivant, adressé aux maires des communes des environs de Morhange, à l'occasion des tirs de guerre du 144e régiment d'infanterie au commencement de 1906, donne une idée de la façon dont on procède.

« Tirs à balles. — Le régiment d'infanterie n° 144 fera ses exercices de tirs à balles les 15, 17, 19, 22, 24, 26, 29,

31 janvier et les 2, 5, 7, 9, 13 et 14 février, de neuf heures du matin à quatre heures de l'après-midi, de la hauteur 300 sud-est de la ferme Bellevue près Morhange, avec direction des balles contre la station Bermering-Conthil. La circulation sera interdite sur les routes du rayon, un jour sur deux et pendant un mois. »

A Metz, le 10 janvier 1906, le 8ᵉ régiment d'artillerie se livra à des exercices réels de tir au canon à l'ouest de Plappeville et du fort Frédéric-Charles.

La zone de tir, située à l'est de la route de Lorry-Vieux-Chêne-Amanvilliers, à la lisière de la forêt de Saulny, fut rigoureusement interdite et gardée militairement pendant toute la journée.

L'armement.

L'infanterie allemande est encore armée, en grande partie, du fusil Mauser du modèle de 1888, à répétition et à chargeur modèle de cinq cartouches.

Mais on travaille activement à la munir du fusil Mauser du modèle 1898, le plus récent de tous, dont on s'efforce de tenir le mécanisme secret.

C'est surtout en raison de cette transformation de l'armement de l'infanterie que le grand état-major allemand a hésité à déclarer la guerre à la France dès 1905.

En même temps, pour assurer la précision du tir, on expérimente, dans le 7ᵉ corps d'armée, un appui en bois pour poser le fusil. Plié, l'appui est porté à la ceinture, derrière la baïonnette.

L'Allemagne, — comme, d'ailleurs, la France, — est également en pleine période de réfection de son matériel d'artillerie, ce qui explique l'accalmie survenue après l'extraordinaire tension des relations franco-allemandes, dont le point culminant fut l'ultimatum du 6 juin 1905.

La maison Krupp a construit, elle aussi, un canon

à frein contre le recul, dont les essais ont donné les résultats suivants :

D'abord, la pièce, équipée en ordre de guerre, avec un chargement considérable de son avant-train d'affût de gargousses à la Shrapnel, parcourut, sur route pavée, une distance de 200 kilomètres, à l'allure du trot sur un tiers de cette étape.

Puis, dans les conditions les plus difficiles, 955 coups furent tirés, en partie sur terrain déclive, — la pièce ayant subi des avaries intentionnelles qui avaient abouti, notamment, à un fonctionnement défectueux du frein. Pendant tout ce temps, la pièce ne fut par nettoyée.

Après que ce nombre énorme de coups eut été tiré avec un plein succès, cette pièce devint à son tour une cible. Les servants furent réprésentés par des mannequins. On tira d'abord sur elle avec le fusil d'infanterie à une distance de plusieurs kilomètres, — puis 18 schrapnells furent lancés par un canon de campagne de 75 millimètres à tir rapide.

Les mannequins figurant l'équipe de service de la pièce furent anéantis trois fois sous la grêle de projectiles, en dépit de la cuirasse protectrice. Mais, malgré les grandes avaries qu'il avait éprouvées, on put encore continuer le tir du canon et en obtenir de bons résultats.

L'expérience fut retournée. Le canon de campagne Krupp à tir rapide dirigea son feu, à une distance de 3500 mètres, sur une batterie de campagne française protégée par une forte cuirasse de 3 millimètres d'épaisseur. Les projectiles étaient des gargousses de de shrapnels, mais renfermant au lieu des balles en plomb dur à Krupp, des balles en acier.

Dans ces conditions, il parait que, sur 80 balles du shrapnel qui atteignirent la cuirasse de protection, 63 la traversèrent. Derrière le bouclier, sur 16 mannequins que l'on avait disposés pour figurer les servants de la pièce, 13 furent détruits. Les voitures de munitions furent complètement traversées, ainsi qu'une grande partie des mannequins postés derrière elles.

Comme ces effets destructeurs furent obtenus avec un nombre minimum de coups tirés, ils suscitèrent une grosse émotion, et toute la presse allemande fit grand bruit autour de ce succès, proclamant que la protection des artilleurs par des plaques, telle qu'elle avait été conçue surtout dans l'artillerie française, était tout à fait illusoire.

Un officier allemand, M. Rohne, général de division en disponibilité, s'est chargé lui-même de rabattre un peu cet optimisme de ses compatriotes.

Il a fait remarquer que les cuirasses n'ont été perforées que lorsque les schrapnels ont éclaté à une distance minime. Si l'explosion se produit à 80 mètres, les projectiles n'ont plus la force de percer la plaque, tandis qu'ils produisent de l'effet à 150 mètres et même à 250 mètres contre des troupes tout à fait découvertes.

En réalité, la majorité des coups tirés reste sans effet sur les hommes protégés par la cuirasse du canon. Même dans des conditions favorables, la moitié des projectiles ricoche sur la cuirasse. Enfin, il y a un point important à considérer : seuls les projectiles en acier ont quelque chance de percer la cuirasse : or, l'obus doit contenir au moins moitié de projectiles en plomb.

On a donc beaucoup exagéré la puissance du nouveau canon de campagne allemand contre le canon de campagne français.

L'artillerie lourde de campagne.

On a accordé, au rôle que serait appelé à jouer en temps de guerre l'artillerie lourde de campagne allemande, une importance démesurée, que M. le général Langlois, dans une de ses remarquables études militaires récentes, s'est appliqué à ramener à sa juste valeur.

L'obusier de campagne allemand de 15 centimètres tire un projectile de 40 kilos environ, avec une vitesse qui ne dépasse pas trois à quatre coups par minute, et une portée limite de 6 000 mètres.

Les batteries attelées d'obusiers lourds ont été principalement créés en vue de l'attaque des forts d'arrêt de la frontière française. Il est évident que, sous les réserves que nous avons faites dans le chapitre précédent relativement à la défense fixe du territoire français, l'obusier de campagne de 15 centimètres est un engin de destruction redoutable pour les forts d'arrêt. Cependant, les Allemands eux-mêmes ne se dissimulent pas que le résultat qu'ils se proposent exigerait, pour être obtenu, une forte dépense en munitions.

« Les abris les plus solides de la guerre, disent-ils, ne sauraient résister aux projectiles de l'obusier de 15 centimètres. Contre la maçonnerie, les réseaux de fils de fer, les cuirassements, son action est excellente, *à la condition de consommer suffisamment de munitions.* »

Mais les Allemands ne comptent pas seulement employer leur artillerie lourde de campagne contre les fortifications. Une instruction de l'empereur, publiée en 1902, sous ce titre : *Participation de l'artillerie lourde aux manœuvres des différentes armes,* s'exprime de la manière suivante :

« La tâche principale de l'artillerie lourde est d'écraser par son feu les batteries lourdes de l'ennemi.... Mais les obusiers, en raison de leur mobilité et de l'effet de leurs projectiles contre des buts animés, pourront également prendre part à la lutte contre l'artillerie de campagne et contre l'infanterie. Dans l'offensive, notamment, ils pourront préparer l'assaut du point d'attaque choisi, par le bombardement des tranchées-abris et des couverts de l'adversaire. »

Voici les grandes lignes des critiques justifiées que le général Langlois dirige contre l'efficacité de l'artillerie lourde dans ces diverses circonstances.

En premier lieu, si l'ennemi n'a pas d'artillerie lourde, voilà la tâche *principale* assignée aux obusiers radicalement supprimée.

En ce qui concerne les autres objectifs, une remarque préliminaire à faire, c'est que la pièce de 150 centimètres, tirant trois ou quatre coups par minute, n'envoie à l'ennemi que 120 à 160 kilogrammes de projectiles. Par conséquent, le canon de campagne à tir rapide, qui tire vingt obus de 7 kilogrammes et demi par minute, représente une force offensive égale, avec, en plus, une meilleure répartition des coups.

Pour le reste, le shrapnel de 40 kilos agit d'une manière analogue au shrapnel de campagne, sauf qu'il bat plus énergiquement une profondeur moindre, en raison de la forte inclinaison de la trajectoire. Quant à l'obus *brisant* de 15 centimètres, il creuse, au point de chute, par son explosion, un entonnoir de cinq mètres environ de diamètre, et il pulvérise tout ce qui se trouve dans ce cercle d'une surface de vingt mètres carrés seulement ; son action est donc forte, mais tout à fait localisée. Dans le tir courbe, le seul que puisse employer l'obusier, la durée est sensiblement plus longue que dans le tir du canon de campagne. Or, pour obtenir le réglage, il faut observer les résultats d'un coup avant de tirer le suivant ; il en résulte donc forcément que le réglage d'une batterie d'obusiers est beaucoup plus long que celui d'une batterie de canons de campagne.

Dans ces conditions, voyons quelle sera l'efficacité des obusiers de 15 centimètres dans les diverses circonstances où l'on compte sur leur emploi.

L'infanterie, dit le général Langlois, se présente ordinairement en longue ligne mince. Sur un but de ce genre, la théorie et l'expérience démontrent que l'effet d'un shrapnel bien réglé, qui est le projectile le plus efficace contre l'infanterie découverte, n'est pas proportionnel au nombre des balles contenues dans l'obus, mais seulement à la racine carrée de ce nombre. Cela revient à dire qu'un shrapnel contenant 400 balles, toutes choses égales d'ailleurs, donnerait seulement *deux fois* plus de touchés qu'un obus de 100 balles.

Le projectile lourd utilise donc mal son poids. D'autre part, le nombre des coups perdus pour le réglage est indépendant du calibre, du moment que l'obus léger produit en éclatant une fumée suffisamment visible, ce qui est justement le cas pour les shrapnels français de campagne actuellement en usage. Par conséquent, s'il faut, par exemple, vingt coups pour le réglage, l'obusier aura dépensé en pure perte 800 kilogrammes de projectiles et au moins dix minutes de temps, tandis que la batterie de campagne aura dépensé seulement 150 kilos en deux ou trois minutes au plus.

D'autre part, en raison de la lenteur de son réglage et de son tir, une batterie d'obusiers est incapable de suivre toutes les évolutions d'une infanterie en mouvement.

« Il est donc certain, conclut le général Langlois, que, contre l'infanterie découverte, une batterie de 75 millimètres à tir rapide est de beaucoup préférable à une batterie d'obusiers de 15 centimètres. »

Contre *l'artillerie*, si l'obusier allemand tire à shrapnels, ses balles n'ont pas, quoi qu'on en ait dit, une force de pénétration suffisante pour traverser le bouclier des pièces de campagne françaises. S'il tire à obus brisants, la probabilité d'atteindre une bouche à feu ou un caisson est extrêmement faible : un coup heureux serait exceptionnel.

Le général Langlois fait deux hypothèses. Une batterie de 75 millimètres à tir rapide et à bouclier, et une batterie d'obusiers de 15 centimètres sans bouclier se trouvent en présence et sont *visibles* l'une pour l'autre sur une crête. La seconde sera mise hors de combat avant même d'avoir terminé son réglage.

Au contraire, ces mêmes batteries sont masquées l'une à l'autre. Que les obusiers emploient les shrapnels ou les obus brisants, se figure-t-on la quantité de projectiles et de gargousses qu'il faudra consommer, si l'indécision relative à l'emplacement d'une batterie adverse dernière une crête couvrante est seulement de 300 mètres. Or, chaque projectile avec sa gargousse représente un poids d'une cinquantaine de kilogrammes qu'il faut transporter : considération que l'on perd trop souvent de vue. D'autre part, la lueur des coups de l'obusier décèlera plus facilement sa position que la lueur des coups de canon de campagne, — ce qui constitue pour celui-ci une supériorité certaine.

En résumé, à moins de circonstances exceptionnelles l'obusier de 15 centimètres, par suite de son manque de bouclier, de la lenteur de son tir, et de la mauvaise utilisation du poids transporté, se trouve dans un état d'infériorité très notoire dans une lutte d'artillerie contre le canon de campagne de 75 millimètres. Et l'on ne peut cependant songer à le munir d'un bouclier sans l'immobiliser pour ainsi dire. Il restera donc toujours très vulnérable.

Dans le bombardement des *tranchées-abris* l'obusier ne se montre pas plus efficace.

Supposons qu'un obus de 40 kilogrammes *tombe juste* sur la tranchée, il en déblaiera une longueur de cinq mètres et tuera cinq hommes.

Or, un simple obus brisant japonais de *six kilogrammes* produit un entonnoir de deux mètres de diamètre. Avec trois obus japonais au but, on fera donc au moins autant qu'avec le projectile de 40 kilogrammes, mais on aura dépensé 18 kilogrammes seulement. Le même résultat serait obtenu encore plus économiquement avec un obus de deux kilogrammes tiré par un canon-revolver.

Par conséquent, bombarder une tranchée-abri avec des obusiers, c'est chercher à obtenir un résultat hors de toute proportion avec la dépense en munitions.

M. le général Langlois démontre, en outre, que l'artillerie de campagne est suffisante contre les murs ordinaires, comme aussi pour le tir de projectiles incendiaires.

Enfin il conclut son intéressante étude par les réflexions suivantes :

« De tout temps, surtout autrefois, l'emploi des gros calibres dans la guerre de campagne se justifiait par leur plus grande portée. Est-ce le cas pour l'artillerie lourde ? Bien au contraire : les obusiers et mortiers ont une portée limite de 6 000 mètres ; tous les canons de campagne ont une portée limite très supérieure.

« En résumé, l'artillerie lourde, excellente contre des forts isolés, est absolument inférieure à l'artillerie de campagne actuelle pour toutes les missions que comporte la bataille. Le rôle de l'artillerie dans la bataille n'est pas en général de détruire l'obstacle ; elle doit chercher à atteindre le défenseur, ou, plus exactement, à empêcher celui-ci de se servir utilement de ses armes. Notre artillerie de campagne suffit à cette tâche : avec un feu *intense* à shrapnels, elle force l'adversaire à s'aplatir contre le talus de sa tranchée s'il est fantassin, contre son bouclier s'il est artilleur ; avec sa fumée, elle les aveugle. Par ces deux moyens, elle les rend l'un et l'autre inoffensifs, pourvu que son action soit assez énergique. On conçoit ainsi que, même sans tuer personne, elle donnerait aux troupes de l'attaque une protection suffisante.

« Toutes les tirailleries qui précèdent l'action de l'infanterie, sous le prétexte de *préparer l'attaque*, sont une perte inutile de coups de canon. A cet égard, Russes et Japonais ont fort mal utilisé leurs munitions en bombardements aussi intempestifs qu'inutiles. L'action des deux armes doit être toujours concordante, l'artillerie protégeant la marche en avant de l'infanterie par un feu violent jusqu'au moment de l'abordage. Cesser le feu lorsque les deux adversaires se trouvent à 500 mètres l'un de l'autre, ainsi que le recommande notre règlement, et comme l'ont fait les Japonais, est une faute monstrueuse, que l'infanterie nipponne a payée cher. »

Voilà donc une réponse décisive à faire aux théoriciens qui prétendent qu'à la guerre mieux vaut la puissance des canons que leur mobilité : même au point de vue de la *puissance*, l'artillerie lourde de campagne ne vaut pas l'artillerie de campagne ordinaire.

Mais ce qu'il y a de plus important encore à considérer, c'est que cette prétention des théoriciens n'est nullement justifiée.

Au contraire, ce sont des faits de guerre eux-mêmes qui démontrent la nécessité d'une artillerie mobile, légère, manœuvrière, qualités d'autant plus indispensables que l'appui du canon est plus nécessaire aux troupes et que la certitude de son arrivée s'impose davantage.

On ne peut pas dire que le matériel lourd *de campagne* de l'Allemagne soit une artillerie mobile.

Il comporte deux pièces : l'obusier lourd de 15 centimètres, dont nous venons de parler, et un mortier de 21 centimètres. Celui-ci, dont la pièce sur affût pèse 500 kilogrammes, se transporte sur trois voitures, dont l'une, la pièce sur son porte-corps, pèse 4165 kilogrammes. Il est inutile de discuter ces chiffres pour se convaincre que ce n'est pas là un matériel de campagne.

Quant à l'obusier de 15 centimètres, il se met en batterie sur le sol même, mais la voiture-pièce pèse 2700 kilogrammes. Il n'est pas possible d'appeler réellement une pièce aussi lourde *de l'artillerie de bataille*.

L'instruction allemande condamne elle-même son propre matériel lorsqu'elle dit :

« En raison de sa manière de combattre, l'artillerie lourde est *liée*, plus que les autres armes, à la première position qu'elle aura occupée ; elle devra donc, dans la plupart des cas, y mener le combat jusqu'au bout. »

C'est l'aveu bien net du défaut de mobilité de la pièce. Si la colonne qui comporte ce matériel se déploie contre une avant-ligne, — ce qui arrivera souvent devant un ennemi manœuvrier, — l'artillerie lourde restera en arrière, aussi inutile qu'encombrante. Dans la bataille, on ne pourra jamais compter sur elle d'une façon absolue. Quant à l'alimenter en munitions, c'est un problème qui paraît singulièrement difficile à résoudre.

Un des artilleurs les plus distingués de l'Allemagne, le général Rohne, qui fut justement l'un des promoteurs de l'artillerie lourde, en est arrivé à formuler cette mélancolique réflexion :

« Il résulte que les prévisions et les espérances relatives à l'action des pièces de gros calibre ont été très exagérées. Certainement les coups au but de ces pièces peuvent agir avec une efficacité importante. Mais comme les objectifs sont très petits, les atteintes seront peu nombreuses, et ces pièces ont besoin de munitions dont le poids dépasse de beaucoup ce que l'on peut raisonnablement traîner à la suite d'une *pièce de campagne.* »

A ces inconvenients graves de l'artillerie lourde allemande s'ajoutent des défauts qui ne sont pas moindres.

Ce n'est plus un secret pour personne que les essais de tir faits en Allemagne avec les nouveaux obusiers de campagne Krupp de 15 centimètres ont provoqué chez les artilleurs d'outre-Rhin un profond désappointement. Les appareils destinés à emmagasiner la force du recul fonctionnent fort médiocrement, ce qui, déjà, diminue la rapidité du tir dans des proportions inquiétantes, — et de plus, à la suite de tirs un peu prolongés, il se produit de fréquentes ruptures de ressorts.

Il en est de même, d'ailleurs, pour le nouveau canon de campagne allemand. Les artilleurs prussiens ont adopté le système de recul sur l'affût qui, évitant le dépointage, permet de tirer quinze à vingt coups par minute. Trois corps d'armée ont déjà reçu leurs batteries transformées : or, l'on s'est aperçu que la récupération se fait mal et qu'à chaque coup le canon se dépointe, d'où perte de temps et diminution considérable de la vitesse du tir.

On affirme que la plupart des pièces transformées devront retourner à Spandau, et que de nouvelles études seront entreprises pour trouver un frein qui se rapproche un peu plus de l'excellent hydropneumatique français.

Car jamais les freins hydropneumatiques dont la France a muni toute la nouvelle artillerie de campagne, de petit ou de gros calibre, n'ont donné lieu à de pareils accidents.

L'artillerie française possède, de ce fait, une très sérieuse supériorité, maintes fois signalée, et que l'on est d'autant plus heureux d'enregistrer à l'heure actuelle, que cette constatation est la véritable raison, bien qu'elle soit vigoureusement niée, de l'attitude pacifique de l'Allemagne succédant sans transition à d'outrecuidantes rodomontades.

D'autre part, la France possède une pièce correspondante à l'obusier allemand de 15 centimètres, mais qui laisse celle-ci bien loin derrière elle. C'est le canon Rimailho (1) de 155 millimètres, qui peut être utilisé comme pièce de siège et comme pièce lourde de campagne, si on le juge utile. Il remplacera, dans les équipages d'armée, de siège et de place, les

____

(1) Inventé par le chef d'escadron d'artillerie Rimailho.

canons de 120 et de 155 du système de Bange, qui sont aujourd'hui inférieurs comme portée, justesse et rapidité de tir.

Ces considérations n'étaient pas inutiles pour détruire en France la légende de la supériorité de l'artillerie allemande, sur laquelle on vit depuis 1870. Si la guerre éclate, on s'apercevra que, de ce coté-là aussi, il y a quelque chose de changé.

La cavalerie allemande.

Il fut question également, pendant quelque temps, de l'infériorité de la cavalerie française vis-à-vis de la cavalerie allemande.

M. le général baron Swartzkoppen a bien voulu reconnaître que cette infériorité « n'existe plus », — et M. OEtken, haut fonctionnaire des haras allemands, terminait ainsi un rapport adressé à l'empereur Guillaume II :

« En cas de guerre, la France nous serait tellement supérieure en ce qui concerne les attelages de l'artillerie et du train des équipages que nous devons songer à une réforme radicale, dans l'intérêt du pays. »

Cette constatation de nos voisins d'outre-Rhin n'est pas faite pour nous déplaire.

Déjà, à la suite des rapports des attachés militaires qui avaient assisté aux grandes manœuvres de ces dernières années, Guillaume II avait été frappé des progrès énormes réalisés en France. De plus, dans les différentes épreuves internationales où figurèrent les couleurs des écuries françaises, les représentants de l'élevage allemand subirent échecs sur échecs.

Alors, à la suite du rapport de M. OEtken qui, en 1904, vit surtout les haras de la Normandie et du Centre, l'empereur Guillaume II décida qu'un nouveau voyage serait fait, dans le midi de la France, par le directeur d'un des haras impériaux, M. Grabensee, très compétent en la matière. Cette visite des grands haras nationaux et particuliers du midi de la France a été accomplie en 1903.

Il est certain que la production chevaline de l'Allemagne est en décadence, tandis que celle de la France s'est accrue, si bien que la proportion des chevaux, qui est chez nous de 7 par 100 habitants, est tombée outre-Rhin à 5 à peine.

Une autre question préoccupe beaucoup nos voisins. Une commission spéciale du ministère de la guerre prussien cherche un moyen de rendre les chevaux de cavalerie invisibles pendant les opérations en campagne.

Le problème a vivement occupé, pendant la guerre du Transvaal, les chefs de troupe anglais, qui, à ce sujet, ont fait des expériences précieuses.

Tout d'abord, on a teint les montures de couleurs différentes, de façon à découvrir celle qui procurerait le minimum de visibilité. Mais ce moyen n'a donné aucun résultat ; d'ailleurs, la teinture ne tenait pas et fut facilement effacée par la pluie.

On essaya ensuite des housses en khaki ; mais ces couvertures ne firent que mieux détacher de l'horizon la ligne des jambes. De plus, elles gênaient les mouvements.

Alors, les officiers imaginèrent un moyen simple, qui réussit très bien. Ils ornèrent les harnais de branches d'arbrisseaux à feuillage touffu cueillies dans la campagne. De loin, une ligne de cavalerie ainsi affublée avait l'air d'une forêt naissante, et quand la troupe était en mouvement, le spectateur avait tout simplement l'impression de voir des buissons et des arbrisseaux dont les branches étaient agitées par le vent.

Après les problèmes de la *remonte* et de l'*invisibi-*

lité, une troisième question a préoccupé les organisateurs de la cavalerie allemande.

Il y a toujours eu une difficulté spéciale à obtenir de la cavalerie tous les services qu'elle pourrait rendre, à cause des embarras que présente pour elle le passage des cours d'eau. Certes, des corps de cavalerie bien entraînés peuvent, en cas de nécessité, franchir les rivières à la nage, tout aussi bien que les cosaques du Don. Mais une telle prouesse ne doit être accomplie que si un besoin extrême s'en fait sentir, car elle présente toujours de grands risques, non seulement en raison de la rapidité des courants, mais aussi par suite des températures excessives de l'été ou de l'hiver, qui peuvent être préjudiciables à la fois aux hommes et aux chevaux.

Ce problème a fait l'objet de longues études dans la cavalerie allemande.

Tout d'abord, chaque régiment de cavalerie fut pourvu de deux grandes barques jumelles, mais la valeur de ces engins, au point de vue militaire, était tout à fait illusoire. En effet, ces barques devaient être transportées par de lourdes voitures qui ne pouvaient suivre que lentement les mouvements de la cavalerie, et la plupart du temps, lorsqu'on en avait besoin, on ne les avait pas sous la main.

Cet inconvénient existe encore actuellement dans toutes les armées, sauf dans la cavalerie allemande qui, ayant éprouvé les défauts du système, l'a immédiatement abandonné pour un autre procédé plus pratique.

La cavalerie allemande dispose aujourd'hui d'une barque extrêmement facile à transporter et que l'on a toujours sous la main. C'est la *barque en lances*, inventée par M. Adolphe Rey, de Bischheim-Strasbourg.

Cette barque, dont la carcasse est formée au au moyen de 12 à 16 des lances ordinaires de la cavalerie, peut être ajustée en cinq minutes par six hommes et démontée en deux minutes.

Il suffit de deux minutes pour tendre sur la carcasse une enveloppe en toile à voile goudronnée et imperméable, et la barque est prête pour l'usage.

D'autres lances sont transformées en avirons par un rapide tour de main. La palette consiste en une bande de toile à voile longue de 65 centimètres, large de 15 centimètres, sur laquelle sont cousues de petites planchettes de bois. La palette et la lance s'ajustent solidement l'une à l'autre, à l'aide de porte-agrafes et de charnières. Une fois démontée, la palette peut être roulée facilement et mise dans la poche.

Les ajustages de la carcasse et les palettes des avirons pèsent 20 kilogrammes; l'enveloppe en toile à voile, 12 kilogrammes. En tout, 32 kilogrammes. On emballe l'ensemble en un colis, et un seul cheval de main peut porter le matériel de deux barques.

On voit combien cette invention modifie la situation au point de vue militaire.

Auparavant, chaque régiment de cavalerie était accompagné d'une voiture portant les barques pliantes. Tant que le régiment se trouvait sur une bonne route, tout marchait à merveille. Mais la cavalerie n'est pas uniquement destinée à parcourir les grandes routes; il lui faut souvent prendre à travers champs. Dans ce dernier cas, la voiture à barques, qui pesait 6 000 kilos, ne pouvait jamais suivre. Elle restait en arrière, lourdement chargée, basculait facilement, ou demeurait embourbée dans le sol détrempé.

En règle générale, après une première étape faite par le régiment, personne ne savait plus, pendant plusieurs jours, où se trouvaient les voitures à barques, et, par conséquent, les barques n'étaient jamais là, alors que l'on en avait le plus besoin.

Il était absolument impossible de faire franchir à la voiture les prairies marécageuses, les fossés profonds et larges, les buissons et les roseaux, les sentiers des forêts.

Aujourd'hui, avec un cheval portant le matériel de deux barques, on circule partout. En quelques minutes, on monte les barques, cela précisément dans des endroits tranquilles, cachés au milieu des bois ou des roseaux, et la patrouille traverse la rivière en un point où l'ennemi ne croyait pas un passage possible.

Un escadron mobile, qui pousse en avant en pays ennemi, équipé de semblables barques, n'a plus à se préoccuper de l'existence des routes et des ponts. A chaque instant il peut faire arriver ses rapports rapidement et sûrement à ses chefs, et cela, même sur un terrain où, en temps ordinaire, les patrouilles ne pourraient aucunement avancer, l'ennemi ayant fait sauter les ponts et occupant tous les passages.

Ce système présente d'autres avantages d'ordre économique. Les anciennes voitures à barques, attelées de six chevaux, immobilisaient trois conducteurs et un sous-officier monté, soit quatre hommes et sept chevaux. A raison d'une voiture par escadron, cela absorbait, pour l'armée allemande sur le pied de guerre, deux mille hommes et trois mille cinq cents chevaux.

L'introduction des barques en lances, tout en donnant à la cavalerie un moyen de transport vraiment pratique, économise donc tout un gros matériel et un effectif considérable en hommes et en chevaux.

Les expériences faites à Metz, à plusieurs reprises, près de l'île des Jésuites, dans le voisinage de Longeville, ont justifié les expériences que l'on avait fondées sur l'emploi de ces embarcations.

Au moyen d'un seul bateau construit uniquement de lances reliées entre elles, quinze cavaliers et huit chevaux ont passé la Moselle.

9.

En reliant plusieurs bateaux entre eux, on peut faire traverser une rivière même à des pièces d'artillerie.

Les chiens de guerre dans l'armée allemande.

L'Allemagne est le pays où l'idée d'utiliser les précieuses qualités du chien pour lui faire rendre des services de toute nature aux armées en campagne s'est le plus développée. C'est là que l'on trouve l'organisation la plus complète du dressage et de l'emploi des chiens de guerre.

Dès 1888, les chiens militaires ont été introduits dans presque tous les bataillons de chasseurs prussiens. Chaque compagnie possède deux de ces chiens sous la garde d'un soldat particulièrement affecté au service de *conducteur*. Les conducteurs de chiens ne prennent part au service de la compagnie que le matin; l'après-midi est consacrée au dressage de ces chiens en vue des emplois suivants : transport des messages, transport des cartouches, recherche des blessé, combat contre les cyclistes.

Tout d'abord le chien est habitué à être tenu en laisse et à répondre à l'appel. On lui apprend ensuite à rapporter et à aboyer au commandement, puis à se coucher et à rester ainsi sans bouger auprès d'un objet quelconque jusqu'à ce que son conducteur, qui s'est éloigné, revienne le relever de sa faction. On fait sortir le chien de plus en plus souvent et on lui apprend à retrouver des objet perdus. Le conducteur laisse tomber, bien en évidence, un petit objet, et continue son chemin avec l'animal pendant trente ou quarante mètres; puis il envoie le chien chercher cet objet au point où il est tombé et se le fait rapporter.

Ces divers exercices constituent le début de l'instruction, ce que tout chien doit savoir avant qu'on puisse songer à le spécialiser pour le service militaire.

Ce n'est qu'après cette période préliminaire qu'on commence à l'accoutumer au premier de ses rôles de soldat, qui consiste à servir d'estafette pour le transport des dépêches.

Pour rendre ce dressage plus rapide, on emploie un chien déjà expérimenté, qui sert d'entraîneur et d'instructeur au débutant. Le vieux chien part le premier, et on lâche le jeune chien immédiatement après. Celui-ci acquiert rapidement la sagacité et le zèle de son aîné.

Ce sont les conducteurs qui, par ce moyen, s'envoient les uns aux autres des messages consistant en une petite carte contenue dans un petit sac de cuir suspendu au cou du chien. A l'arrivée, on ouvre le sac, et le chien ne repart qu'après qu'on l'a débarrassé du message dont il était porteur. Cette fonction est une de celles dont le chien s'acquitte le mieux et le plus rapidement après quelques leçons.

Le transport des paquets de cartouches constitue une opération assez semblable à la précédente.

Au début d'un combat, le conducteur se place avec son chien auprès des voitures qui contiennent les ravitaillements en munitions. L'animal est chargé de 150 cartouches contenues dans des poches qui pendent sur ses flancs. Le chien, avec ce chargement, se glisse jusqu'à la ligne de combat, se fait débarrasser de ses cartouches, et revient aussitôt vers son conducteur pour recommencer le même voyage.

Le chien, en gagnant la ligne de combat, peut très bien ne pas rencontrer d'abord les hommes de sa troupe; mais jamais l'animal ne se laissera enlever ses cartouches par un homme n'appartenant pas à sa compagnie ou à son bataillon. Cela prouve que le chien sait exactement à quelle partie de la troupe il appartient.

Les chiens sont ensuite dressés à la recherche des blessés ou des morts tombés dans des endroits peu accessibles à l'exploration, derrière des abris, dans des bois ou des champs de céréales. Quand le chien rencontre un mort, il s'assied à côté de lui, et commence à hurler en attendant que son conducteur ou quelque autre soldat vienne auprès de lui, attiré par ses aboiements. Si son attente est trompée, si personne ne vient, le chien s'efforce de s'emparer d'un objet quelconque appartenant au soldat, comme son shako, par exemple. Il va alors rejoindre son maître avec son trophée dans la gueule et le ramène près du corps. S'il s'agit d'un blessé, celui-ci donne lui-même au chien un objet quelconque lui appartenant, de façon que l'animal aille lui chercher du secours.

Aux grandes manœuvres de 1897, pour compléter l'instruction des chiens militaires, on commença à leur apprendre à combattre des cyclistes. Des mannequins, habillés de costumes appartenant à divers corps d'armée étrangers, furent juchés sur des bicyclettes et les chiens furent lancés contre eux. Ce dressage est d'autant moins difficile que les chiens manifestent naturellement une profonde animosité contre les cyclistes.

Il est certain que ces animaux peuvent donner du fil à retordre aux estafettes à bicyclette. Leur attaque ne sera pas ordinairement mortelle, mais la chute du messager et le bris de sa machine suffisent pour que la dépêche ne soit pas transmise en temps utile, et c'est là le point important.

La télégraphie de campagne.

Pendant la guerre de 1870-1871, les armées allemandes utilisèrent 10 830 kilomètres de lignes télégraphiques avec 407 stations, dont 8252 kilomètres de lignes françaises *restaurées*, 798 kilomètres de lignes provisoires, et 1700 kilomètres de lignes de campagne.

Depuis lors, et jusqu'en 1899, l'Allemagne n'avait, en temps de paix, que deux écoles destinées à former des télégraphistes militaires, l'une à Berlin, l'autre à Munich.

A partir de cette époque, elle a adopté une organisation d'un type différent. Trois bataillons spéciaux ont été créés. Le premier, qui comprend une compagnie saxonne et un détachement wurtembergeois, est à Berlin, le deuxième à Francfort sur l'Oder, le troisième à Coblentz.

L'école de télégraphie militaire de Berlin a été affectée à la cavalerie; tous les ans, 28 lieutenants et 83 sous-officiers et soldats y passent neuf mois d'instruction.

L'école de télégraphie militaire de Munich a été dissoute et remplacée par une compagnie de télégraphie bavaroise.

En temps de guerre, les bataillons spéciaux de télégraphistes militaires sont généralement affectés à la pose de longues lignes de communications.

Les cavaliers, au contraire, devront établir des communications télégraphiques rapides sur de petites distances (1 à 7 kilomètres).

Suivant la longueur de la ligne, 8 à 15 hommes seront affectés à cette opération.

Chaque homme emporte une douzaine de poteaux légers sur le devant de la selle. Chacun de ces poteaux est pointu et ferré à sa partie inférieure, et muni d'un crochet de fer à sa partie supérieure. L'un des cavaliers porte le fil de la ligne enroulé sur une bobine.

Tous les 50 mètres, un poteau est fiché en terre, et le fil est posé sur les crochets, au fur et à mesure qu'il se déroule en avançant, par des hommes dont les lances sont pourvues de fourches à cet effet. On peut utiliser, chemin faisant, les arbres et tous autres supports.

Les colombiers militaires en Allemagne.

L'organisation militaire allemande du service des pigeons-voyageurs est méthodiquement composée de trois réseaux aériens : — l'un pour l'Allemagne occidentale, avec stations à Strasbourg, Metz, Coblentz, Cologne, Mayence, Würtzbourg, Mannheim ; — le second pour l'est, avec stations à Thorn, Posen, Kœnigsberg ; — le troisième enfin, réseau maritime, spécialement affecté à la surveillance des côtes, dont les colombiers ont leur siège à Wilhelmshaven, Tommig, Kiel et Dantzig.

La population des pigeonniers officiels allemands est considérable. Ceux de Strasbourg et de Metz comptent 600 pigeons. Le colombier de Coblentz, créé en 1885, possède 150 couples.

D'autre part, le gouvernement allemand stimule vivement l'initiative privée, et entretient, dans la population civile, un fort courant en faveur du sport colombophile. Des concours primés par le gouvernement ont lieu chaque année entre les diverses sociétés qui se sont fédérées ; la presse politique et la presse technique consacrent à ces cérémonies des comptes rendus détaillés.

Des rapports officiels constants existent entre les clubs colombophiles faisant partie de la Fédération des Sociétés colombophiles allemandes et le ministère de la guerre. Celui-ci paie annuellement une somme déterminée comme subside, et d'autres sommes sont réparties, à titre de primes, pour les oiseaux de proie abattus.

Afin que les pigeons puissent servir à l'armée en temps de guerre, il est nécessaire de les habituer à retrouver leur logis au sortir des places fortes. Aussi les interne-t-on à intervalles réguliers dans des forteresses.

Pour ces internements, les clubs désignent un de leurs membres, qui soigne les pigeons dans la place forte ; ce gardien touche, sur la caisse du département de la guerre, 4 marcs (5 francs) par jour de présence dans la forteresse, — et la même caisse verse journellement 4 pfennings (5 centimes) pour l'entretien de chaque pigeon. Ces internements peuvent durer, si on le juge nécessaire, jusqu'à soixante jours.

La direction générale des colombiers militaires allemands est établie à Cologne.

En même temps que l'Allemagne met tout en œuvre pour utiliser à son profit le moyen sûr de communication qu'offrent les pigeons-voyageurs, elle ne néglige rien pour paralyser l'action de ceux qu'emploieront ses adversaires.

Déjà, en 1870, les Allemands avaient dressé des faucons pour la chasse aux pigeons porteurs de dépêches. Depuis lors, elle n'a jamais cessé de s'occuper du dressage de faucons militaires.

Cette précaution parait être d'une utilité fort problématique, car on ne voit pas bien la possibilité d'entourer de fauconniers une ville assiégée, et d'empêcher que parmi les pigeons lâchés et porteurs de la même dépêche, il ne s'en échappe quelques-uns.

Dans tous les cas, il est aisé de protéger les pigeons contre les attaques de faucons.

En premier lieu, on peut les munir d'un sifflet qui fait entendre un bruit d'autant plus strident que leur vol est plus rapide. Ce procédé, d'invention chinoise, a été ainsi décrit par un voyageur :

« Beaucoup de riches Chinois entretiennent des pigeons de très belle espèce et qu'ils ont par conséquent intérêt à conserver. Or, la campagne qui environne Pékin est constamment sillonnée par des oiseaux de proie. Pour protéger les pigeons, leurs propriétaires ont imaginé d'attacher à leur queue un petit instrument percé d'une fente et de trous, assez léger pour que leur vol ne soit pas empêché, et dans lequel le vent pénètre de manière à produire des sons qui varient suivant le volume de l'instrument : ce sont de véritables harpes éoliennes, dont les formes diffèrent suivant le caprice du maître.

« Quand une compagnie d'une vingtaine de pigeons s'envole, elle produit une sorte de concert qui, dans l'atmosphère très généralement sereine de Pékin, a quelque chose de solennel, et qui, en définitive, a pour résultat d'écarter l'ennemi et de permettre aux pigeons de se promener sans être inquiétés. L'usage du *pan-ko-fong-kou* (c'est le nom de ce sifflet) existe, d'ailleurs, sur d'autres points de la Chine fréquentés par les oiseaux de proie. »

C'est à l'imitation de ce procédé que le ministère de la guerre italien a fait l'acquisition de petits sifflets spéciaux en bambou qui, fixés à la naissance de la queue du pigeon, produisent, lorsque celui-ci vole, un fort sifflement qui effraie et éloigne les rapaces.

Un second moyen consiste à plonger le pigeon, avant de le lâcher, dans une matière fétide. Il n'aura rien à redouter des faucons, même en l'absence du sifflet.

Les défenses fixes de la frontière allemande.

Lorsque la guerre de 1870-1871 eut pris fin, l'état-major allemand se préoccupa du soin de doter d'homogénéité les forces militaires de l'ancienne confédération germanique ; d'organiser le système défensif du nouvel empire d'Allemagne, de mettre ce système en harmonie avec les conditions de la constitution politique récemment inaugurée.

Une commission instituée *ad hoc*, et présidée par le Prince Royal, étudia, sous la direction du maréchal de Moltke, les bases de cette organisation. La conclusion des études fut qu'il était indispensable d'avoir, sur les frontières, des *points d'appui* sérieux ; que ces points forts devaient être pris eux-mêmes sur les lignes de défense naturelle ; qu'il convenait d'abandonner, de démanteler les forteresses qui, dans cet ordre d'idées, n'avaient plus de raison d'être ; qu'il était nécessaire d'améliorer, d'agrandir, de transformer en *camps retranchés* les places dont la valeur stratégique était incontestable.

Ces principes admis, la commission en fit l'application à la frontière de France.

Au lieu d'imiter le système des cordons de défenses continues appliqué chez nous, l'Allemagne n'a conservé, en avant du Rhin, que le camp retranché de Metz et les citadelles de Bitche et de Thionville, plus quelques ouvrages établis à Molsheim, dans la vallée de la Bruche, pour protéger Strasbourg contre les tentatives qui pourraient être dirigées de ce côté, à travers les Vosges, par la trouée de Saales.

En revanche, la commission de défense reconnut la nécessité de créer, sur la ligne du Rhin, de vastes « *doubles têtes-de-pont* », pouvant permettre aux armées nationales de manœuvrer, à volonté, sur l'une ou l'autre rive.

Choisie pour tenir un de ces rôles de double tête-de-pont, la place de Strasbourg dut passer à l'état de grand camp retranché en se conjuguant avec Kehl.

Ayant, après de longs calculs, déterminé les proportions à donner à ce camp retranché, les Allemands démolirent l'enceinte construite par l'Alsacien Speckle en 1570, pour englober, dans de nouveaux remparts, une surface triple de celle que mesurait la place assiégée par eux en 1870. La superficie totale du Strasbourg actuel est d'un millier d'hectares, enclos de fortifications.

La nouvelle enceinte — du tracé dit *polygonal* — enferme la gare, une vaste gare, desservant à la fois les lignes de Wissembourg, de Paris et de Bâle. Par conséquent, de Strasbourg, les forces allemandes peuvent rayonner en tous sens à l'extérieur. La ville est, d'ailleurs, pour les troupes, un centre de ressources considérables, eu égard à l'importance de son industrie. *A cheval* sur le Rhin, situé sur la voie ferrée qui relie la Hollande à l'Italie par le Saint-Gothard, Strasbourg est devenu un immense entrepôt de commerce entre l'Italie, la Suisse, l'Allemagne et la France.

Là, du reste, l'armée allemande a préparé, en permanence, d'immenses approvisionnements de toute nature, dont les uns sont en magasin, et les autres *sur roues*, en gare. Là, le gouvernement possède, en grand nombre, de vastes établissements militaires. entre autres une manufacture d'armes extrêmement remarquable.

Autour de ce noyau central, le maréchal de Moltke a fait construire une ceinture de forts détachés, s'échelonnant en hémicycle sur la rive gauche du Rhin. Ce sont :

Le fort *Fransecki*, dans la forêt de Wanzenau, entre le Rhin et l'Ill ; — le fort de *Moltke*, au sud du village de Reichstet ; — le fort de *Roon*, entre le chemin de fer et la route de Wissembourg, à l'est du village de Numdolsheim ; — le fort *Kronprinz* (Prince Royal), à l'ouest du village de Niederhausbergen ; — le fort *Grosherzog von Baden* (Grand-Duc de Bade), au nord-ouest d'Oberhausbergen ; — le fort *Bismarck*, au nord de Wolfisheim ; — le fort *Kronprinz von Sachsen* (Prince Royal de Saxe), au nord et près du chemin de fer, entre Holtzheim et Lingoltheim ; le fort *Von der Thann*, sur la rive gauche de l'Ill, près du chemin de fer de Mulhouse, au nord de la station de Geipolsheim ; — le fort *Werder*, au sud-est de Graffenstaden, près du canal du Rhône au Rhin ; — enfin, un fort situé près de la ferme d'*Altenheim* et de la rive gauche du Rhin.

Sur la rive droite, les ouvrages qui enveloppent Kehl sont :

Le fort *Kirchbach*, situé à environ un kilomètre du village de Sundheim ; le fort *Bose*, au nord du chemin de fer, et à l'est de Neumuhl ; le fort *Blumenthal*, à l'est d'Auenheim.

Le périmètre des forts détachés de Strasbourg mesure 35 kilomètres de développement sur la rive gauche du Rhin, et 18 km. 500 sur la rive droite ; — soit, au total, 53 km. 500, dont 6 kilomètres — du fort d'Altenheim au fort Kirchbach — peuvent être considérés comme suffisamment couverts par le cours du Rhin. Il suit de là que la ligne à défendre mesure de 46 à 47 kilomètres.

Sur la rive gauche, la distance qui existe entre les forts et la ville varie de 5 à 8 kilomètres ; — autour de Kehl, cette distance se trouve réduite, en moyenne, à 3 kilomètres.

Ces ouvrages occupent toutes les positions qui auraient pu servir d'assiette à l'établissement des batteries d'un assaillant. Ils rejettent très au loin l'investissement possible. Ils battent toutes les voies qui convergent sur le noyau central et même celles qui passent à proximité suivant des directions quelconques. D'ailleurs, les Allemands ne cessent pas d'apporter des perfectionnements à ce camp retranché déjà formidable.

Il n'est pas douteux, qu'en cas de guerre, toutes les hauteurs qui se trouvent sur les approches extérieures des forts seraient immédiatement couvertes d'ouvrages de fortification temporaires et que de nombreuses batteries annexes seraient construites partout. Les forts du camp retranché de Strasbourg seraient reliés entre eux par des tranchées que l'infanterie ouvrirait au moment du besoin, et qui, déjà, sont plus ou moins amorcées de toutes parts. Un chemin de fer de ceinture passe à leur gorge et ils communiquent avec l'enceinte par des fils souterrains.

Les forts détachés qui constituent le camp retranché de Strasbourg-Kehl ont été construits d'après le type généralement adopté par les puissances européennes, qui ont suivi, en cela, l'exemple de l'Angleterre.

Ce sont, *en plan*, des pentagones *aplatis* dont les faces du front de tête sont flanquées par une *caponnière* organisée au saillant, qui est très obtus. Les flancs sont presque parallèles à la *capitale* ou axe du fort, avec une très légère inclinaison vers l'extérieur. Ils sont commandés par deux demi-caponnières ou *ailerons*.

La *gorge* est bastionnée. En fait de *dehors*, on n'a ménagé, en l'entour du fort, qu'un *chemin couvert* simplifié et une petite *place d'armes*, saillant avec abri pour un poste de cinq à six hommes.

Les forts de Strasbourg sont *à fossés secs*, à l'exception des forts Fransecki, Von der Thann, Werder et d'Altenheim sur la rive gauche du Rhin, — et des forts Kirchbach, Bose et Blumenthal, qui couvrent Kehl sur la rive droite.

Dans les forts à fossés pleins d'eau, les contrescarpes et les escarpes sont *à terres coulantes*. La gorge de ceux de la rive droite consiste en une caserne *à l'épreuve* (des effets d'un bombardement) à un seul étage et affectant la forme bastionnée. Sur la rive gauche, les logements sont organisés — à deux étages casematés — sous le parapet des faces ; la gorge est également bastionnée, mais sans maçonnerie, sauf sur une partie de la courtine. Aucun de ces forts à fossés plein d'eau n'est muni de caponnière de tête. Les ingénieurs allemands n'ont vraisemblablement renoncé à la construction de cet organe de flanquement qu'à raison des difficultés que leur opposait un terrain marécageux.

Dans les forts à fossés secs, tels que le fort *Kronprinz*, la contrescarpe est revêtue sur environ 6 mètres de hauteur. L'escarpe consiste en un mur *à la Carnot* avec chemin des rondes en arrière. La gorge est fermée par une caserne *à l'épreuve*, de forme bastionnée et à deux étages. Sur les flancs de ce front de gorges, l'étage inférieur est percé de créneaux pour la fusillade ; l'étage supérieur, de deux embrasures pour bouches à feu.

Partout où existe la caponnière de tête, celle-ci est percée, sur chaque flanc, de deux embrasures et de plusieurs créneaux. Les ailerons sont munis de créneaux seulement. Une grande traverse se développe, de l'entrée du fort à la caponnière de tête, divisant ainsi la cour en deux parties et recouvrant une communication souterraine.

L'entrée de chacun des forts est couverte par une petite place d'armes dans laquelle se trouve un magasin à poudre à l'épreuve, destiné au service des batteries annexes, construites extérieurement aux forts. Les glacis des forts à fossés secs sont défendus par des dispositifs de contre-mines.

Telle est, rapidement esquissée, l'organisation du camp retranché de Strasbourg. C'est une position magnifique, solidement occupée, la plus imposante des doubles têtes de pont dont l'Allemagne dispose sur le Rhin.

Les deux plus voisines, en aval, sont Mayence et Coblentz.

X

LA VIOLATION DE LA NEUTRALITÉ DE LA BELGIQUE

INTÉRÊT QU'A L'ALLEMAGNE A VIOLER LA NEUTRALITÉ DE LA BELGIQUE. — ÉVENTUALITÉS QUI POURRAIENT SE PRODUIRE EN PAREIL CAS.

La France n'a aucun intérêt à violer la neutralité de la Belgique, mais en est-il de même de l'Allemagne ?

Tout récemment, au milieu de l'inquiétude générale suscitée par la question marocaine, un journal français prétendait que l'Allemagne s'était assuré même le *droit* de violer cette neutralité. Voici quelle était son argumentation.

Tout le monde sait que la neutralité de la Belgique est réglée par les traités et la convention de 1831. On sait moins que dans un article *secret*, annexé à la convention des forteresses du 14 décembre 1831, les puissances contractantes imposèrent à la Belgique, *à l'insu de la France*, les stipulations du protocole militaire d'Aix-la-Chapelle du 15 novembre 1818. Toutefois, au texte précis proposé par les puissances, le plénipotentiaire belge réussit à substituer un texte plus vague ne mentionnant pas expressément le protocole de 1818. Ce document diplomatique secret disposait qu'en cas de guerre l'Angleterre aurait le pouvoir d'occuper une partie du territoire belge, et la Prusse une autre partie.

En somme la neutralité belge était dirigée *contre* la France et apparaissait *surtout* comme l'expression d'un *intérêt allemand*.

L'Allemagne n'a jamais laissé périmer son droit, et, pour le maintenir, s'est adressé au souverain belge lui-même, qui, en vertu de l'article 68 de la Constitution belge, a le droit de faire des traités de paix, d'*alliance* et de commerce, et de n'en donner connaissance aux Chambres, ou à ses ministres, que lorsque la sûreté et l'intérêt de l'État le permettent.

En conséquence, l'Allemagne, forte de la convention secrète de 1831 et des transactions intervenues ultérieurement avec le roi des Belges, se déclare aujourd'hui fondée à occuper les forteresses de Namur et de Liège, si leur sûreté directe ou indirecte venait à être compromise.

Il ne faudrait pas, d'ailleurs, oublier les termes de la lettre adressée, en septembre 1870, par le roi Léopold au roi Guillaume, et qui se termine ainsi : « *En écrasant à Sedan la dernière armée française, Votre Majesté s'est acquis une gloire impérissable, car Elle a non seulement sauvé l'Europe, mais la civilisation.* »

Empressons-nous d'ajouter que toutes ces assertions ont été immédiatement démenties.

Mais si l'Allemagne ne possède pas, de par des traités secrets, le *droit* de violer la neutralité belge, il n'en reste pas moins évident qu'*en fait*, elle sera violemment tentée de le faire, parce qu'elle y trouvera un intérêt manifeste.

Cet intérêt résulte à la fois des effectifs considérables à mettre en mouvement, de l'extension et du tracé du réseau ferré allemand, du tracé de la frontière française et de l'organisation de sa défense, enfin, de l'importance toujours grandissante des services de l'arrière.

En traitant de la mobilisation allemande, nous avons vu que, malgré la multiplicité des voies ferrées et des quais de débarquement organisés pour faciliter la concentration des armées allemandes en Alsace-Lorraine, cette concentration exigerait plus de huit jours, ce qui, joint aux quatre jours nécessaires pour la mobilisation proprement dite, donnerait le chiffre *minimum* de douze jours pour l'opération totale.

L'auteur anonyme que nous venons de citer à

propos des traités secrets relatifs à la neutralité belge, après avoir développé ces mêmes considérations, ajoute :

La situation change immédiatement si l'Allemagne utilise les lignes du Nord qui viennent converger sur *Dusseldorf et Cologne* et se prolongent ensuite soit sur *Aix-la-Chapelle*, soit sur *Saint-With et Prüm*, soit sur *Trèves*. Le réseau d'Alsace-Lorraine se trouve soulagé et le bénéfice global est considérable. La concentration allemande s'effectuant alors en six jours, les opérations peuvent commencer dès le onzième jour.

Les forces concentrées sur le front *Gouvy-Trèves* ne sont qu'à deux marches de la frontière française et se trouvent par conséquent en mesure d'aborder le flanc gauche de notre *digue défensive* du Nord en même temps que les armées d'Alsace-Lorraine l'aborderont de front.

On voit tout de suite l'avantage sérieux que l'Allemagne peut retirer de la violation d'une faible partie du territoire belge.

Cet avantage devient très considérable si la violation, s'étendant plus à l'Ouest encore, vient appuyer la droite de la masse envahissante à la ligne fortifiée de la *Meuse*. *Liège et Namur* deviennent les points d'appui de l'aile droite allemande et assurent la sécurité de son flanc.

On ne voudra pas m'objecter l'entrée en jeu des deux corps d'armée belges. Ceux-ci se retireront à Anvers ou stationneront sur la rive gauche de la Meuse, mais bien certainement n'entreprendront rien contre les Allemands, pour de bonnes raisons qu'il est facile de concevoir (1).

Toutefois, l'extension du front allemand vers l'Ouest n'est pas nécessaire. La première hypothèse suffit largement à démontrer l'utilité incontestable de la violation *limitée* au Luxembourg belge.

Sans entrer dans plus de détails, faisons l'esquisse du dispositif général allemand, qui pourra découler des considérations précédentes.

Nous voyons *deux* masses : l'*une*, plus considérable, sur le front *Metz-Sarrebourg*, l'autre sur le front *Gouvy-Trèves*.

Les *masses d'Alsace-Loraine* sont obligées de se heurter en partie à nos deux grandes digues défensives. Mais on sait ce que valent nos forts d'arrêt. (2)

(1) Nous verrons plus loin que cette affirmation appelle de sérieuses réserves.

(2) L'auteur dit ailleurs que « les forts d'arrêt de nos deux

La *masse du Nord*, plus avantagée, n'a pas immédiatement d'organisation défensive permanente devant elle. Elle menace directement notre flanc gauche et, après quelques marches, prend pour ainsi dire à revers la digue *Verdun-Toul*. Elle facilite par conséquent dans une large mesure l'offensive des armées du Sud.

La simple progression en avant des deux masses les pousse à la concentration.

En cas d'échec de l'une des masses, l'autre, agissant sur le flanc de l'adversaire, le gêne ou l'arrête dans la poursuite de son succès.

Enfin, par suite du grand développement de la base de concentration, les lignes de communication, si importantes de nos jours, deviennent plus nombreuses, plus espacées, plus indépendantes et surtout plus sûres.

Devant ces avantages aussi précis, aussi considérables, les Allemands ont-ils l'intention de respecter la neutralité de la Belgique ?

Je suis convaincu du contraire.

Les préparatifs de mobilisation en Belgique.

Le gouvernement belge est également convaincu que, le cas échéant, l'Allemagne n'hésiterait pas à violer la neutralité du pays, — mais bien loin d'avoir, en cette circonstance, l'attitude passive, la quasi-complicité que redoute et que dénonce l'écrivain que nous venons de citer, — il s'efforcerait, de tout son pouvoir, de la faire respecter, comme en témoignent les mesures de précaution prises par les autorités militaires, dès la fin de l'année 1905, en prévision de complications internationales possibles et afin de parer à toute éventualité.

grandes *digues défensives* : Verdun-Toul, Épinal-Belfort, ne saurait tenir contre une attaque systématique exécutée simultanément par de l'artillerie lourde d'armée et de l'artillerie de campagne tirant des projectiles à explosif puissant. » On a pu voir, dans les passages de ce livre relatif aux défenses fixes de la frontière française, que nous ne partageons pas de tous points cette manière de voir.

Au mois de décembre, en raison des difficultés de la politique générale, les brigades de gendarmerie furent avisées d'avoir à tenir prêts les ordres de mobilisation, afin de pouvoir, au premier signal, les transmettre d'urgence aux soldats des classes libérées.

En même temps, on prépara les avis télégraphiques pour les militaires ayant terminé leur service et en résidence à l'étranger.

Le bruit ayant couru qu'un corps d'armée prussien tout entier était concentré au camp d'Elsenborn, le ministre de la guerre belge prit aussitôt des mesures pour parer à toute éventualité de ce côté.

Pendant tout le mois de janvier 1906, un intense courant d'activité militaire régna dans toute la Belgique. Le projet relatif aux travaux maritimes et aux fortifications d'Anvers, qui était en discussion depuis plus de six mois devant la Chambre, fut enfin voté, pour assurer efficacement la défense de ce grand réduit national.

Comme les forts de la Meuse n'étaient pas en état de défense, principalement ceux de la région namuroise, des ordres furent donnés pour les approvisionner en munitions, en poudres, en vivres, en personnel. Le 13ᵉ régiment de ligne en garnison à Namur se tint prêt à envoyer des détachements importants en cas de besoin.

Le 23 janvier, à six heures et demie du matin, l'alarme fut donnée à la caserne de ce 13ᵉ régiment. Une heure après, en tenue de mobilisation, il quittait la caserne pour les forts de Maiseret, d'Andoy et de Dave, où il devait séjourner jusqu'à nouvel ordre.

Un train de vingt voitures était tenu sous pression à la gare centrale d'Anvers, pour emporter éventuellement les compagnies spéciales du génie à destination des positions de la Meuse.

Tous les régiments des différentes armes, en tenue de campagne, étaient successivement passés en revue.

Enfin l'intendance s'organisait sur le pied de guerre et faisait des approvisionnements considérables de céréales. Des conserves de viande étaient emmagasinées en abondance dans les forts, qui avaient reçu une ample provision de poudre, d'obus et de shrapnels.

Il n'est pas inutile de rappeler ici que la Belgique, avec un effectif de paix de 45200 hommes et de 9000 chevaux, peut disposer, sur le pied de guerre, de 167000 hommes et de 264 canons de campagne.

Le fusil en usage dans l'armée belge est le Mauser 1889 à magasin fixe de 5 cartouches.

Si le gouvernement belge met l'ensemble de ces forces au service de la protection de sa neutralité, il y a là, avec l'appui des places fortes, un contingent sérieux, susceptible d'immobiliser pendant quelque temps une partie importante des troupes allemandes. Dans tous les cas, la défense de la neutralité belge aurait pour effet de paralyser, dans une certaine mesure, l'action des armées germaniques qui essaieraient de prendre à revers, par le nord, la ligne fortifiée de Toul à Verdun.

Si la violation de la neutralité de la Belgique par l'Allemagne présente certains avantages, elle ne va pas sans quelques inconvénients.

XI

LES ALLIÉS DE L'ALLEMAGNE

LA TRIPLE-ALLIANCE FONCTIONNERAIT-ELLE EN CAS D'UNE GUERRE DE L'ALLEMAGNE CONTRE LA FRANCE SEULE? — LES INTÉRÊTS DE L'AUTRICHE-HONGRIE. — LES INTÉRÊTS DE L'ITALIE. — LA DÉFENSE DE LA FRONTIÈRE DES ALPES.

Au début de cette étude, nous avons fait le décompte du concours que pourraient éventuellement apporter à l'Allemagne, les deux autres puissances qui font partie de la Triple-Alliance, savoir : l'Autriche-Hongrie et l'Italie.

Mais, d'autre part, nous avons attiré l'attention sur ce point que l'Autriche-Hongrie ne serait vraisemblablement obligée de participer à la guerre, que s'ils se produisait une intervention de la Russie en faveur de la France.

Enfin, en ce qui concerne l'Italie, étant données les relations extrêmement amicales que cette puissance entretient actuellement avec la France et avec l'Angleterre, il y a lieu de se demander jusqu'à quel point elle serait disposée à participer à une grande guerre européenne uniquement pour soutenir les prétentions de l'Allemagne au Maroc.

Néanmoins, l'éventualité d'une entrée en scène de l'ensemble des forces de la Triplice ne peut pas être écartée *a priori*.

Pour en mesurer toute l'importance, il faut se

reporter aux tableaux des effectifs des trois armées que nous avons donnés au chapitre II.

Ajoutons seulement ici que l'armée austro-hongroise, tout comme l'armée italienne, est bien exercée, bien entraînée, bien pourvue de matériel et de services accessoires, et que, par conséquent, leur intervention combinée, ou seulement l'intervention de l'une d'elles, est loin de devoir être considérée comme négligeable.

Le fusil en usage dans l'armée austro-hongroise est le Mannlicher des modèles 1888, 1890 et 1895, arme à répétition et à cinq cartouches.

Dans cette armée, le service des pontonniers et celui des cyclistes ont été l'objet de soins particuliers. Par l'emploi de bicyclettes pliantes du poids de 14 kilogrammes, on est parvenu à créer des détachements de cyclistes dont les attributions ne se bornent plus au service d'éclaireurs, mais qui peuvent aussi, à l'occasion, devenir des combattants utiles, prenant une part importante à l'offensive.

Dans l'armée italienne, est en usage le fusil Carcano, du modèle de 1891, à magasin de six cartouches.

Cette armée a souvent donné lieu à de sévères critiques, surtout de la part des propres alliés de l'Italie, qui n'ont jamais songé à dissimuler le peu de fonds qu'ils faisaient sur son concours.

Nous aurions tort de prendre à la lettre ces critiques et ces sentiments.

L'armée italienne constitue une force des plus respectables, et nous devons faire des vœux pour que, dans une guerre éventuelle avec l'Allemagne, elle ne vienne pas apporter son important appoint à nos adversaires.

Malheureusement, nous ne connaissons pas exactement les termes de l'engagement qui lie l'Italie à l'Allemagne en cas de guerre avec la France, et, par conséquent, la prudence nous oblige à nous attendre à tout et à tout prévoir.

Dans une guerre où nous aurions contre nous l'Italie, les forces de terre et de mer de cette puissance menaceraient, d'une part la frontière des Alpes, en second lieu le littoral français de la Méditerranée, en troisième lieu nos possessions d'Algérie et de Tunisie.

Voyons comment nous nous sommes préparés à faire face à cette triple menace.

§ 1. — La frontière des Alpes.

La chaîne des Alpes forme un vaste demi-cercle dont la convexité est tournée vers l'ouest et dont le centre peut être placé aux environs d'Alexandrie.

En France, la région montagneuse, très tourmentée, couvre, sur une largeur de 200 kilomètres, la Savoie, le Dauphiné et la Provence, et va en s'abaissant, depuis les pics neigeux du mont Blanc, de la Vanoise et du Pelvoux jusqu'aux petites collines verdoyantes qui dominent le Rhône. En Italie, au contraire, se dresse un mur escarpé de roches plutoniques, aux contreforts abrupts longs de 40 kilomètres, que dominent les glaciers du Grand-Paradis et les ramifications du Viso à travers les pays sauvages des Vaudois, et les croupes dénudées où les Apennins se soudent aux Alpes.

Le principal mérite de la frontière alpine, au point de vue de la défensive française, c'est que le Rhône supérieur, l'Isère, la Durance et le Var sont séparés par de hautes crêtes, larges et difficilement franchissables, qui empêchent les opérations dans l'une de ces vallées de s'appuyer sur les opérations effectuées dans les autres. Aussi, les invasions tentées sur la frontière des Alpes ont-elles toujours eu des résultats à peu près négatifs.

En 1692, le duc de Savoie, envahissant la vallée de la Durance, s'avançait jusqu'à Gap, mais il était repoussé par Catinat. En 1709, il battait de nouveau en retraite devant le maréchal de Berwick, qui, de Briançon, déjouait toutes ses tentatives.

Du côté du Var, cinq invasions restèrent également infructueuses : celle du connétable de Bourbon et de Charles-Quint, sous le règne de François Ier ; — celle du prince Eugène, en 1707, qui échoua devant Toulon défendu par le maréchal de Tessé ; — celle des Impériaux, en 1746, qui vinrent assiéger Antibes et furent forcés de battre en retraite par le maréchal de Belle-Isle ; — enfin, l'attaque de Mélas, arrêté en 1800 sur le Var par la vigoureuse résistance de Suchet. Aussi, en 1814, l'armée de la coalition, laissant les Alpes et le Var, se porta-t-elle directement de Genève sur Lyon mal défendu par Augereau, certaine que la prise de cette ville paralyserait la défense dans les Alpes et dans la région du Var, de la Durance et de l'Isère.

Après le traité de Francfort, la France se préoccupa tout d'abord de fortifier la nouvelle frontière allemande. Mais bientôt, les Italiens ayant entrepris des travaux considérables de défense dans le col du mont Genèvre, qui commande la route de Marseille à Turin, et sur divers points de la frontière piémontaise, on se convainquit de la nécessité qui s'imposait de protéger également la région alpestre contre les éventualités d'une guerre franco-italienne.

Du massif du mont Blanc au golfe de Gênes, la frontière des Alpes se développe sur 270 kilomètres. Six routes principales la traversent : celle du Petit-Saint-Bernard, celle du mont Cenis, celle du Genèvre, celle de la Sture, celle du col de Tende, et la route de la Corniche qui longe le littoral. Toutes ces routes sont battues par des positions très fortes, des ouvrages français s'étant élevés peu à peu en regard des ouvrages italiens.

Mais entre ces six grandes voies, il y a une infinité de chemins, de sentiers, de cols. Et c'est par là que l'adversaire cherche d'abord à passer pour tourner les défenses importantes.

Le grand Frédéric, qui, en ce qui touche à l'art de la guerre, semble avoir eu de justes clartés de tout, écrivait ceci :

« Ne vous fiez pas aux montagnes. Partout où passe une chèvre, un soldat passera. »

Il en concluait que les passages de montagnes sont, en général, défavorables à la défensive, et que leur protection comme rempart est suspecte.

Cette vérité paraissait d'autant plus évidente que les Italiens avaient pris l'initiative de dresser des troupes nouvelles qui, par un entrainement progressif et par une éducation spéciale, devaient être mieux préparées et plus aptes que l'armée ordinaire à défendre les redoutes et les forts édifiés sur les sommets des Alpes, ainsi que les passages écartés. L'Italie disposait, pour cela, de ses superbes bataillons de *bersagliers*, dont elle est si justement fière. Ces robustes soldats, d'une tenue martialement pittoresque, sont tous des enfants de la montagne. La formule italienne est celle-ci :

« Laisser le montagnard sur son roc, comme le marin sur la mer. »

En France, lorsque fut remaniée, de 1872 à 1875, l'organisation militaire, bien des autorités compétentes en la matière furent d'avis de créer des troupes spéciales eu vue de la guerre des montagnes.

M. Cézanne, notamment, député des Hautes-Alpes à l'Assemblée nationale et président-fondateur du Club alpin français, éleva la voix pour rappeler les services rendus par les soldats montagnards de Berwick et de Kellermann, et pour demander que quelques-uns de nos bataillons de chasseurs à pied fussent détachés *à demeure* sur la frontière des Alpes et entrainés pour le rôle qu'ils auraient à y jouer.

Mais l'esprit d'uniformité — manie bien française

qui stérilise tout — l'emporta alors : on ne voulait avoir qu'un seul type de troupes d'infanterie, ne pas créer de spécialités, et donner simplement aux troupes de frontières, une instruction professionnelle qui leur permit de rendre en montagne les services que comporte ce genre d'opérations.

Deux fois repoussée à trois années d'intervalle, la patriotique proposition Cézanne finit par l'emporter.

Dès 1879, des essais d'organisation militaire alpine étaient faits dans les corps d'armée de Lyon, sous l'habile et persévérante direction du commandant Arvers. Cette organisation ne devint effective qu'en 1882, grâce au général Billot, ministre de la guerre. Elle créait 12000 hommes de troupes alpines permanentes, pouvant être portées à 18000. L'établissement de ces forces défensives a été complété par la loi du 24 décembre 1888.

Malheureusement, en France, le recrutement des troupes alpines n'est pas exclusivement régional comme en Italie. Pour des raisons politiques, le recrutement régional n'est pas en faveur dans notre pays. En second lieu, la pauvreté en population du versant français des Alpes, ne permet pas d'y assurer ce recrutement, que la densité relative de la population des hautes vallées piémontaises facilite, au contraire, chez nos voisins.

Pour une part, non la moindre, les chasseurs alpins français sont recrutés dans le bassin du Rhône depuis Lyon, sur le littoral méditerranéen et en Corse. Grâce à la souplesse et à l'énergie du tempérament militaire français, on trouve chez ces hommes et l'on met promptement en valeur toutes les qualités de l'alpiniste.

D'ailleurs, les montagnards eux-mêmes ont besoin d'être entraînés. Il est, en effet, bien différent de marcher seul, à son gré, et de marcher en troupe, ayant à subir toutes les allures et tous les à-coup inévitables, — et à recommencer le lendemain, quelle que soit la fatigue. On n'apprend que par l'expérience à économiser ses forces et à en faire un judicieux emploi.

Aussitôt arrivé au corps, le jeune alpin est donc soumis à un entrainement spécial, qui développe sa souplesse, son agilité et son adresse. On fait une très large part aux exercices gymnastiques et au tir; — car, en montagne, l'occasion de tirer étant rare, aucune balle ne doit être perdue. Or, la différence d'altitude et les accidents de terrain rendent le tir incertain.

Des marches, graduées comme longueur et comme difficulté, accoutument peu à peu les poumons et les jarrets aux longues pentes, apprennent à apprécier les distances, à éviter les fatigues inutiles et à surmonter le vertige que l'abime cause aux novices. On ne perd aucune occasion de développer, chez les soldats, l'intelligence et l'esprit d'initiative, le sentiment du dévouement et du patriotisme. Si la montagne décourage les faibles, elle exalte les forts.

L'équipement et l'habillement devaient offrir à la fois légèreté, commodité, et protection efficace contre les intempéries. On y a pourvu par une vareuse ample, laissant le cou et la poitrine parfaitement libres. Le collet rabattu peut se relever pour garantir la gorge. Des pattes épaisses sur les épaules maintiennent solidement le sac. Le pantalon est large, avec jambières commençant à la cheville, finissant au genou, et munies de bandes molletières également en drap, pour protéger le pied contre la neige, l'eau et les cailloux. La chemise est en flanelle mélangée de coton; une immense ceinture de flanelle et des gants en laine très épaisse, protégent le corps et les mains contre le froid. Les chaussures sont des brodequins lacés, de forme spéciale pour chaque région, fortement ferrés, à talon bas et garni de clous à deux têtes. La coiffure est le béret béarnais, qui a l'appréciable avantage de recouvrir la nuque, les oreilles et les yeux pendant les froides nuits alpestres.

La capote est remplacée par un manteau à capuchon, rappelant la pèlerine des zouaves de l'ancienne garde impériale. Un jersey sert de vêtement de rechange, et remplace la chemise lorsque celle-ci est mouillée par la sueur et la pluie.

Deux cartouchières, l'une en avant de la ceinture, l'autre en arrière, complètent l'équipement, avec une petite pelle sur le côté droit, et un alpenstock ou piolet, démontable de façon à pouvoir être bouclé sur le sac pendant le combat.

Les bagages, vivres, outils et munitions, ne pouvant être transportés sur roues, le sont à dos de mulet.

Le dispositif de marche d'un groupe alpin est le suivant : une compagnie d'avant-garde pour frayer le passage, avec deux mulets du génie et un mulet d'outils, à la tête ; — puis un mulet de cacolet et trois d'outils ; — le gros de la colonne, à 1000 mètres en arrière, avec deux mulets d'outils ; — le convoi ; — l'arrière-garde. Tous les moyens de communication sont employés pour maintenir des relations constantes entre ces divers détachements.

Dans les marches de montagne, tout mouvement se traduisant par une énorme dépense de forces, les hommes ne sauraient se maintenir en bonne santé et réparer les pertes de l'organisme qu'en observant les principes d'hygiène spéciaux aux montagnards, et en prenant une alimentation substantielle et saine. La ration ordinaire ne saurait suffire, mais l'augmentation ne porte pas tant sur la viande, dont on éprouve un besoin médiocre aux hautes altitudes, que sur la graisse (60 grammes de saindoux), et les féculents : riz, haricots et surtout pommes de terre, qui fournissent à l'organisme les éléments nécessaires à la réparation des combustions internes exagérées. Le café forme la base du repas le matin et aux grandes haltes; c'est un excitant et un fébrifuge toujours salutaire.

Sur le pied de paix, la France possède, comme l'Italie, douze bataillons d'alpins, qui tiennent garnison à Annecy, Grenoble, Albertville, Embrun, Grasse, Nice, Villefranche et Menton.

En été, les troupes sont distribuées en groupes sur divers points et y procèdent à leurs exercices et manœuvres.

Avant 1889, la totalité des troupes alpines regagnait sa garnison ordinaire vers la fin de septembre, et ne retournait aux montagnes qu'au mois de mai. Les postes alpins de haute altitude restaient donc inoccupés pendant l'hiver, parce que l'on considérait une surprise comme inadmissible pendant cette saison, par des voies impraticables, rendant impossible l'agression des défenses des cols élevés.

Un officier supérieur de la garnison de Briançon réussit à faire modifier cette manière de voir. Il fit le pari de se rendre, par une nuit d'hiver, dans l'une des redoutes les moins accessibles qui s'accrochent aux roches de l'Infernet (à 2380 mètres d'altitude) et d'en rapporter les clefs. Cette redoute avait pour toute garnison un garde du génie. Accompagné d'un sergent et de deux soldats aussi intrépides que lui, le parieur réussit dans son entreprise plus que téméraire.

Actuellement, tous les postes de défense de la frontière des Alpes sont occupés militairement toute l'année.

Les plus élevés sont, en Maurienne, celui des Pollières ou Mont-Froid, perché à 2647 mètres. Deux autres sont à 2500 mètres environ. Il y a, aux environs de la route du Petit-Saint-Bernard, au col de la Traversette, le poste dit de la Redoute-Ruinée, situé à l'altitude de 2400 mètres. Le président Félix Faure visita ce poste en 1897.

D'octobre à mai, ces stations d'hiver sont occupées par une garnison composée d'un lieutenant, d'un chirurgien, de deux sergents, de quatre caporaux et d'une trentaine d'hommes. Quelques-unes sont gardées par des hommes empruntés aux régiments régionaux d'infanterie : 157e, 158e et 159e.

Chaque poste se compose d'une petite maisonnette pour le commandant et le chirurgien. Une autre maisonnette, pour les sous-officiers, comprend généralement le dépôt de bois à brûler. Puis viennent les baraquements des hommes, avec la cuisine, le cellier pour le vin, les provisions de fourrage et les ateliers ; enfin, les écuries pour les mulets, les brebis, les chèvres et les lapins, réserve d'aliments frais. La question alimentaire est d'une importance capitale. La petite troupe est toujours exposée à être isolée et temporairement privée des approvisionnements extérieurs : elle doit donc être capable de subvenir à sa nourriture avec ses propres ressources. Aussi la cuisine, avec ses fourneaux portatifs et ses gamelles de « rata », ses boulangeries et ses maîtres-queux toujours affairés, offre-t-elle une animation exceptionnelle pendant les mois de l'hivernage.

Les baraques sont en bois à doubles parois, et les fenêtres sont doubles. Malgré cela, la neige, en poussière ténue et diamantée, pénètre dans l'intérieur pendant les tourmentes, exactement comme le sable du Sahara, lorsque le simoun le soulève en tourbillons, parvient à s'insinuer jusque dans les boîtiers des montres.

Il arrive souvent que les tempêtes de neige ou la stagnation de la brume rendent les sorties impossibles pendant une longue série de jours et s'opposent à l'arrivée du messager qui, une fois par semaine, doit, avec son mulet, apporter les lettres, les journaux, les colis postaux, quelques vivres frais. Les reclus n'ont alors de relations avec le reste du monde que par le fil télégraphique reliant leur geôle inaccessible avec un casernement inférieur, si toutefois la fureur des éléments n'a pas rompu ce dernier trait d'union.

Les lits sont alignés à droite et à gauche de la chambrée comme en deux piles superposées. Assis ou couchés sur ces lits pendant les longues soirées d'hivernage, les alpins causent, lisent, ou bien ils s'attablent pour jouer aux échecs. Chaque année, à l'entrée de l'hiver, les journaux régionaux adressent un appel aux personnes disposées à confier à l'autorité militaire le superflu de leur bibliothèque en faveur des solitaires de l'altitude. Le président Félix Faure offrit à ceux de la Redoute Ruinée, entre autres cadeaux récréatifs, un piano mécanique.

Il est à remarquer que tous ces hiverneurs sont des volontaires. L'élite des jeunes gens de la montagne considère comme un honneur de servir dans ces postes. On n'a que l'embarras du choix parmi les plus vigoureux, et ils n'y dépérissent pas. Il y a très peu de malades, bien que la température extérieure descende fréquemment à 30 degrés *au-dessous* de zéro. La moyenne ne dépasse guère 10 degrés *au-dessous* de zéro, et ce n'est qu'une douzaine de fois en 135 jours qu'elle s'élève *au-dessus*.

Néanmoins, lorsque le soleil brille, la petite garnison sort et se livre à des exercices de tir, de gymnastique, ou à la réparation des avaries que le mauvais temps a pu causer. Si le baromètre est suffisamment rassurant elle entreprend même des excursions.

La tenue des excursionnistes comprend alors le passe-montagne, casque de tricot épais ne laissant à découvert que les yeux, protégés d'ailleurs par des lunettes fumées. La chaussure, recouverte d'un «gant de pied » en laine, est sanglée sur la raquette qui permet de marcher sur la neige sans s'enfoncer.

Actuellement on tend à remplacer avantageusement

les raquettes par les *skis* ou patins de neige scandinaves.

Cela n'a pas été sans peine !

Il y a plus de dix ans que les alpins du 14ᵉ corps, à l'imitation des alpins italiens, avaient expérimenté le ski norvégien et constaté sa supériorité de vitesse sur la raquette réglementaire. Mais, à une demande d'adoption de ce système, formulée hiérarchiquement vers 1895, la direction de l'infanterie fit répondre « que le ski était d'un apprentissage difficile, qu'il exposait les débutants à des chutes dangereuses et souvent mortelles, et qu'il était impossible de s'en servir en pays accidenté ».

Ce n'est que pendant l'hiver de 1903 que des officiers de la garnison de Briançon furent autorisés à se livrer à des expériences officielles de ski. Les résultats qu'ils obtinrent furent tels que le gouverneur de cette forteresse fut autorisé à créer une école de ski. Celle-ci arriva, en quelques semaines, à dresser des skieurs émérites. Contrairement à l'opinion pessimiste émise en 1895 par la direction de l'infanterie, les soldats auxquels on enseignait l'emploi du ski s'habituaient très rapidement à ce sport; le cinquième jour, ils exécutaient leur première marche en montagne, et pour un parcours donné de longueur moyenne, les hommes chaussés de skis gagnaient facilement une heure sur leurs camarades munis des anciennes raquettes.

L'adoption du ski n'a pas, d'ailleurs, pour conséquence, la suppression des raquettes ; au contraire, le skieur doit toujours les emporter, parce qu'elles peuvent le tirer d'embarras si son patin à neige venait à se briser.

En effet, avec des raquettes on marche beaucoup plus lentement qu'avec des skis, mais plus vite cependant et avec moins de fatigue qu'avec des chaussures ordinaires. Donc, grâce aux raquettes, un skieur démonté ne restera pas en panne dans les neiges de la montagne.

En un mot, un raquettiste peut se passer de skis, — mais un skieur doit toujours être muni de raquettes.

Par une décision récente, le ministre de la guerre, désormais convaincu que ce mode de locomotion sur la neige peut rendre d'inappréciables services aux troupes de montagne, a transformé en école normale de ski, l'école d'essai instituée à Briançon il y a trois ans. La durée du cours est de 45 jours, et seuls les officiers du 14e co. ps d'armée y sont admis.

D'autre part, il est constitué, dans les bataillons de chasseurs alpins de la 14e région, et dans les bataillons alpins des 97e, 157e, 158e et 159e régiments d'infanterie, des écoles régimentaires de skieurs, qui fonctionneront dans les postes d'hiver de ces corps chaque fois que la neige le permettra.

Été comme hiver, la constante préoccupation des troupes alpines, c'est la préparation à la défense de la frontière.

Au point de vue militaire, cette défense doit toujours être sur ses gardes et toujours prête à marcher. Ses troupes sont placées de manière à pouvoir arrêter pendant quelque temps une attaque et en ralentir la violence. Bien renseignée, elle profite de ce temps d'arrêt pour manœuvrer à propos, et se trouver en force sur un point déterminé d'avance. Elle pourra alors diriger ses mouvements offensifs sur les flancs et les derrières de son adversaire. Le combat sera moins une lutte à coups de fusil qu'une succession de mouvements rapides.

Il n'est pas rare, au cours de leurs manœuvres, que les alpins français et les bersaglieri italiens s'entrevoient et échangent, par dessus l'échancrure d'un col, un salut, qui n'était autrefois que correct, et qui est devenu amical.

Il serait regrettable que, pour des intérêts étrangers à l'Italie, ils se trouvassent appelés, d'un moment à l'autre, à échanger des balles.

§ 2. — La défense du littoral, de la Corse, de l'Algérie et de la Tunisie.

La puissance indéniable de la flotte italienne d'une part, et d'autre part l'étendue considérable de côtes que la France possède en bordure de la Méditerranée, nous rend particulièrement vulnérables par la voie de cette mer dans le cas d'une guerre avec l'Italie.

Certes, la flotte française, prise dans son ensemble, est beaucoup plus importante que la flotte italienne ; mais comme, dans notre hypothèse, elle aurait également à faire face aux forces maritimes de l'Allemagne, dans l'Atlantique, dans la Manche et dans la mer du Nord, elle devrait scinder ses effectifs, et ne pourrait, par conséquent, fournir, dans la Méditerranée, un effort aussi considérable que si elle se trouvait seule vis-à-vis de l'Italie.

En conséquence, le problème de la défense des côtes de France, de Corse, d'Algérie et de Tunisie a-t-il fait l'objet de mesures spéciales ?

Aujourd'hui, les fortifications côtières sont armées de bouches à feu, sinon égales à celles qui constituent l'armement des cuirassés, du moins d'une puissance largement suffisante pour mettre ceux-ci hors de combat. De plus, la justesse du tir n'est pas la même pour un navire que pour une batterie littorale : l'avantage est tout entier du côté de celle-ci. Le réglage du tir venant de terre a fait de tels progrès qu'un navire même filant douze nœuds à l'heure, qui viendrait se mesurer avec une batterie de côte, serait atteint au plus tard au troisième coup, et ne cesserait pas de l'être par chacun des coups suivants, tant qu'il se tiendrait à portée.

Cette supériorité de la terre sur la mer a été encore accrue par diverses dispositions particulières que l'on a données à l'artillerie, notamment en cachant les canons à la vue des vaisseaux. Ceux-ci ne peuvent diriger un tir efficace contre un but invisible sans aucun point de repère pour opérer les corrections toujours nécessaires.

Or, il est deux sortes de batteries qui réalisent cette condition de pouvoir combattre sans être vues. Ce sont d'abord, les batteries enterrées de mortiers et d'obusiers, exécutant le tir indirect sous de grands angles. Dans ce cas, les bouches à feu sont complètement invisibles, mais la justesse de leur tir, exécuté sous de grands angles, est forcément imparfaite.

Il n'en est pas de même dans les batteries de canons à éclipse, où la pièce n'apparaît juste que pendant l'instant où elle fait feu et disparaît aussitôt. Avec l'emploi de la poudre sans fumée, il est presque impossible aux navires de déterminer la position d'une semblable batterie que rien ne signale. Réussiraient-ils à apercevoir l'un des canons pendant le court instant de son apparition, qu'ils n'en seraient guère plus avancés.

Les canons à éclipse sont donc des engins des plus redoutables, d'autant plus qu'ils exécutent des tirs directs et de plein fouet, dont les coups sont susceptibles d'atteindre les navires à la flottaison et par suite de les couler.

Quoi qu'il en soit, par des batteries de divers systèmes, la protection de nos côtes est assurée.

Mais il fallait prévoir le cas particulier où un croiseur ennemi rapide, par exemple, par un raid brusque sur un point des côtes de la Provence, viendrait à détruire, avec son artillerie, l'unique voie littorale qui reliait Toulon à Nice, et surtout l'unique pont traversant le Var à son embouchure.

Dans ce cas, Nice se serait trouvé tout à coup complètement isolé.

On a paré à ces dangers par la construction de deux voies stratégiques intérieures qui partent, l'une de Digne et l'autre de Draguignan, et qui assurent les communications, dans le cas où la voie littorale serait coupée.

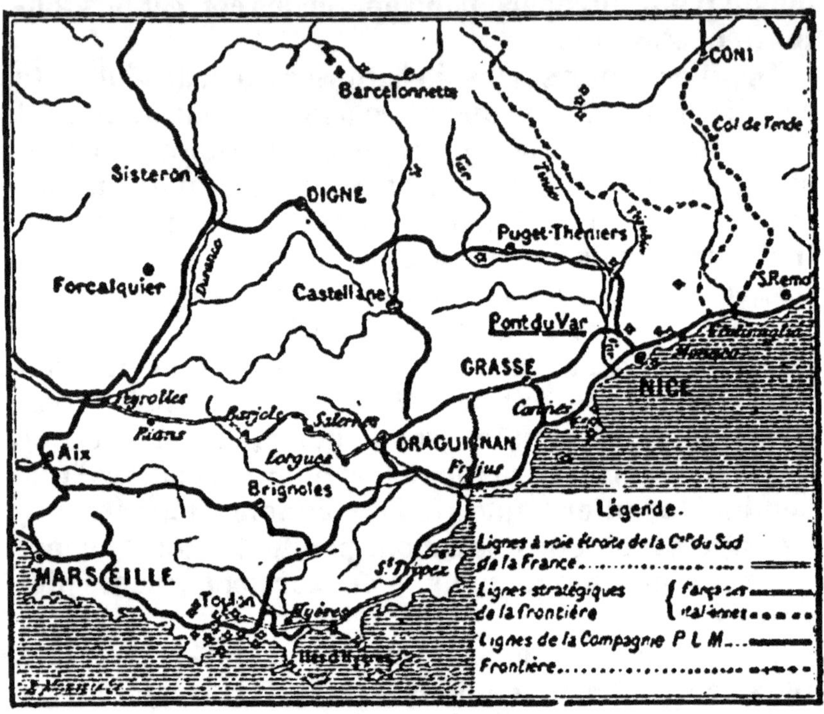

Forts d'arrêt et voies stratégiques de la frontière du sud-est.

On a même fait l'hypothèse d'une attaque brusque dirigée contre notre premier arsenal maritime, Toulon.

En cas de guerre, la plupart des troupes tenant garnison dans cette ville doivent quitter la place, les unes se dirigeant vers la frontière d'Allemagne, les autres sur la frontière d'Italie.

Seules, quelques compagnies d'infanterie coloniale et quelques batteries d'artillerie formeraient, en attendant la concentration de nouvelles troupes, la défense de la rade.

Pour éprouver la valeur de la résistance opposable à une attaque subite dans de semblables conditions, on a effectué à Toulon des exercices de branle-bas de combat auxquels ont exclusivement pris part ces détachements spéciaux, — tandis que l'escadre de la Méditerranée simulait une attaque de jour et un bombardement de nuit.

Ces expériences ont démontré que les nombreux forts qui défendent les approches de la rade de Toulon suffiraient à repousser l'attaque d'une escadre ennemie qui se présenterait inopinément (c'est-à-dire signalée seulement quelques heures à l'avance) devant Toulon, avant que toute mobilisation eût pu être préparée.

Jamais une flotte adverse ne pourra forcer la rade de Toulon, d'autant plus que, dans une attaque réelle, elle aurait à compter, en outre des forts, avec les garde-côtes, les torpilleurs de la défense mobile et les lignes nombreuses de torpilles de fond, qui entreraient en action.

D'autre part, aussi, il est bon de remarquer que les chefs de l'escadre française, qui figuraient l'assaillant, connaissent à merveille les parages dans lesquels ils ont évolué, — ce qui n'arriverait pas avec un ennemi véritable.

Celui-ci aurait à veiller la terre, dont les écueils lui créent des dangers terribles, et à craindre, la nuit, l'aveuglement par les rayons lumineux des projecteurs, qui paralysent aussi bien les moyens d'attaque que les moyens de navigation.

Enfin, l'escadre française au lieu d'attaquer, défendrait le port, si elle se trouvait à proximité.

En réalité, le meilleur moyen de défense du littoral français, ce serait l'attaque brusque, foudroyante, des côtes italiennes. En réduisant l'Italie, dès le début, à la défensive, on l'empêcherait d'entreprendre quoi que ce soit contre nos propres côtes, soit celles de la

France et de la Corse, soit celles de l'Algérie et de la Tunisie.

C'est à l'escadre de la Méditerranée qu'il appartient, dès que la guerre sera déclarée, de courir sus à la flotte italienne pour la réduire à l'impuissance ou du moins pour l'affaiblir à un point suffisant, de façon à ce qu'elle ne puisse plus rien tenter de dangereux contre nos rivages.

Sur mer comme sur terre, c'est l'offensive qui constitue le plus efficace des moyen de défense. Il faut s'efforcer, tout d'abord, de porter un coup vigoureux, sinon définitif, à la principale force de l'ennemi, de manière à déjouer tous les plans d'attaque qu'il aurait pu concevoir.

D'ailleurs, toutes les défenses fixes et mobiles de côtes méditerranéennes, tant en Europe qu'en Afrique, sont en mesure de tenir les navires italiens en respect assez longtemps pour donner à l'escadre le temps d'arriver et d'intervenir.

Même si les câbles étaient coupés, la télégraphie sans fil entrerait en scène, et aucune de nos possessions ne resterait isolée et sans secours.

———

XII

AMIS ET ALLIÉS DE LA FRANCE

LA RUSSIE SERAIT-ELLE TOUT A FAIT IMPUISSANTE POUR VENIR EN AIDE A SON ALLIÉE ? — PEUT-ON COMPTER SUR UNE INTERVENTION ANGLAISE ?

Une autre question se pose :

La France resterait-elle isolée, si elle avait à soutenir une lutte soit contre l'Allemagne seule, soit contre l'Allemagne et l'Italie réunies ?

Il semble bien qu'au moment où nous écrivons, — c'est-à-dire au début de 1906, — l'alliée sur laquelle elle aurait pu compter avant la guerre de Mandchourie, — la Russie, ne soit pas en mesure de lui apporter un concours efficace.

La Russie n'a plus de flotte, une grande partie de son armée est encore en Asie, — les troupes réparties dans les provinces d'Europe sont à peine suffisantes pour y maintenir l'ordre, — les approvisionnements militaires ont fondu dans la guerre d'Extrême-Orient, — les finances sont dans un profond désarroi, — enfin la situation politique générale de l'empire paraît s'opposer à tout effort extérieur.

Mais peut-être cette impuissance momentanée de la Russie est-elle plus apparente que réelle.

Si une guerre éclatait entre la France et l'Allemagne, cet événement exercerait, dans toutes les classes de la société russe, une répercussion considérable. On verrait peut-être, instantanément, les haines s'apaiser, les divisions s'éteindre, et toute la Russie s'unir en un sentiment commun de solidarité, pour accourir à l'aide de l'allié, qui prêta à la flotte de Rodjestwensky, partout où il avait des colonies, un concours si compromettant.

Dans ce cas, l'armée deviendrait disponible. On pourrait du moins en jeter une partie sur la frontière orientale allemande et créer ainsi une puissante diversion qui nous serait utile.

Il est vrai qu'alors l'Autriche-Hongrie entrerait peut-être dans le conflit, de par ses conventions avec l'Allemagne, mais ce n'est pas absolument sûr. D'ailleurs, la Russie est de force à tenir tête aux armées que l'Autriche-Hongrie et l'Allemagne pourraient lui opposer, pendant un temps suffisant pour que les événements qui se passeraient du côté de la France prissent une tournure favorable qui amènerait la Triplice à composition.

Ce n'est là qu'une hypothèse, mais elle n'est pas tellement invraisemblable qu'il ne soit pas permis de l'envisager.

Elle est fondée sur ce fait que la Russie, en dépit des défaites extérieures et des troubles intérieurs, n'en reste pas moins un grand empire qui dispose, pour la guerre, de ressources avec lesquelles il faut encore compter.

Il n'est pas douteux que, tôt ou tard, ce pays se ressaisira et reprendra en Europe la place qu'il y tenait avant 1904, et qui, s'il l'avait conservée, aurait empêché Guillaume II de débarquer tapageusement à Tanger.

Ce réveil de la Russie peut être justement provoqué par la guerre, et l'Allemagne doit avoir certainement envisagé ce point de vue, lorsqu'elle a mis une sourdine à ses premières prétentions.

D'ailleurs, en dehors de la Russie, n'y a-t-il pas une puissance qui serait intéressée à intervenir dans un conflit entre la France et l'Allemagne ?

Nous avons nommé l'Angleterre !

Examinons jusqu'à quel point la France pourrait compter sur l'intervention anglaise, et de quel poids serait cette intervention dans l'équilibre des forces.

L'alliance anglaise.

L'accord franco-anglais relatif au Maroc, et la mauvaise humeur qu'il a soulevée en Allemagne, ont mis en évidence un fait de la plus haute importance, savoir : le rapprochement intime qui s'est produit entre la France et l'Angleterre et qui équivaut presque à une alliance.

A ce rapprochement, la France et l'Angleterre avaient un égal intérêt.

Par suite de l'affaiblissement de la Russie, la France, exposée à se trouver isolée en Europe en face de la Triplice, devait tout naturellement, pour sa sauvegarde, rechercher ailleurs un appui éventuel.

De son côté, l'Angleterre avait besoin d'une alliée continentale pour l'aider à lutter contre l'expansion envahissante de l'Allemagne.

S'il est un fait qui domine toute l'histoire de la seconde moitié du xixᵉ siècle, c'est bien la série ininterrompue de succès remportés par l'Allemagne dans tous les domaines.

Dans l'espace de *six ans*, elle fait trois guerres victorieuses : la guerre des Duchés, la campagne de Bohême, la guerre de France, et s'annexe de haute lutte des pays vastes et peuplés. Par une faveur inouïe, elle jouit ensuite de trente-cinq années de paix et de triomphe, pendant lesquelles tout ou presque tout marche suivant ses désirs.

Elle profite de cette paix pour se tourner vers l'industrie, le commerce, et réalise partout des conquêtes économiques aussi importantes que ses succès militaires.

Mais si ses guerres ont été surtout préjudiciables au Danemark, à l'Autriche et à la France, c'est l'Angleterre qui a souffert principalement de l'expansion industrielle et commerciale de l'Allemagne.

Sur tous les marchés, en Angleterre même, l'Allemagne a vu ses intérêts se développer aux dépens des intérêts britanniques. Les produits anglais ont été supplantés dans un grand nombre de pays; dans tous, ils ont été concurrencés avec un tel succès que l'on a vu les exportations d'Angleterre décroître au fur et à mesure et dans la même proportion que s'accroissaient les exportations allemandes.

L'Allemagne a des colonies, sa marine marchande s'accroît dans des proportions énormes, et l'empereur Guillaume II a pris à tâche d'augmenter le plus possible la puissance de sa marine de guerre.

La prospérité économique, la marine marchande, la marine de guerre, ce sont les trois cordes sensibles de l'Angleterre. Qui veut lutter avec elle sur ce terrain, et surtout qui réussit, en partie, à lutter victorieusement, devient son mortel ennemi.

L'antagonisme entre l'Angleterre et l'Allemagne est né de la prospérité industrielle, commerciale et maritime de cette dernière, et il n'a fait que croître au fur et à mesure que cette prospérité se développait.

A l'heure actuelle, ce n'est plus la Russie que redoute le monde britannique, c'est l'Allemagne. Aussi est-ce contre l'Allemagne qu'il dresse ses batteries, qu'il contracte des alliances, qu'il s'assure des amitiés.

C'est certainement de cet état d'esprit qu'est sorti l'accord anglo-français relatif au Maroc.

L'empereur Guillaume II ne s'y est pas trompé. Dans le rapprochement de la France et de l'Angle-

terre, il a vu une menace directe contre l'Allemagne :
d'où son équipée de Tanger et la campagne diplomatique menée contre la France pour annihiler les effets
de l'entente anglo-française par la réunion d'une
conférence internationale.

Cette crise nous mit à deux doigts de la guerre, et
comme l'Angleterre avait intérêt à ce que cette guerre
éclatàt, elle n'hésita pas à assurer au gouvernement
français son concours effectif, sous la forme du débarquement d'une armée britannique sur les côtes du
Schleswig-Holstein.

Un conflit armé procurait, en effet, à l'Angleterre,
une occasion unique de détruire, avec le concours de
la flotte française, la marine de guerre de l'Allemagne, de courir sus à sa marine marchande, de
s'emparer de ses colonies, de paralyser son commerce et son industrie et de reprendre, sur tous les
marchés, une place prépondérante.

Aussi l'opinion britannique toute entière, peuple et
gouvernants, est-elle unanime dans sa volonté bien
arrêtée d'une intervention anglaise effective, en cas de
guerre entre la France et l'Allemagne à propos de la
question du Maroc.

Rien de plus symptomatique à cet égard qu'un
intéressant article publié, dans le numéro de janvier 1906 de la *Positivist Review*, par l'écrivain anglais Frédérick Harrison. C'est l'un des membres le
plus en vue du *parti de la paix*, et cependant il
n'hésite pas, en parlant du devoir de l'Angleterre
dans le cas d'une agression allemande contre la
France, à s'exprimer ainsi :

« En refusant d'entrer au Comité d'amitié anglo-alle-
mande, j'ai déclaré que, tout animés que nous soyons
d'un zèle sincère en faveur de la paix et de l'amitié internationale, je craignais qu'une organisation de cette nature
ne tendît plutôt à provoquer qu'à empêcher la guerre.

« Le *Livre Jaune* français, ainsi que les discours des
premiers ministres des deux pays, prouvent que le gouver-

nement allemand menaça volontairement et délibérément la France et, même encore à cette heure, cherche à l'humilier, à l'embarrasser et à l'attaquer, s'il peut le faire sans courir de trop grands risques. Le peuple allemand, très cultivé, paisible et industrieux, est dans l'impossibilité absolue d'influencer son autocratie, et des compliments pleins d'effusion entre les Allemands et nous sont totalement oiseux.

« La seule chose qui puisse avoir quelque poids auprès du militarisme allemand, est la connaissance de ce fait que toute agression délibérée contre la France verrait se dresser contre elle toute la force de l'Angleterre — et, je l'espère, d'autres puissances unies en vue de faire plier la seule puissante autocratie qui subsiste en Europe. »

C'est bien net, et pour qui sait lire entre les lignes, cette dernière phrase signifie, en bon français : « *En Europe*, il n'y a plus que l'Allemagne qui soit gênante pour l'Angleterre. »

Il est mauvais pour une nation, quelque puissante qu'elle soit, d'être gênante pour l'Angleterre. La France en a fait l'expérience pour Napoléon Ier. La Russie l'a éprouvé une première fois lors de la guerre de Crimée, et tout dernièrement en Extrême-Orient.

C'est aujourd'hui le tour de l'Allemagne, et l'on peut être persuadé que l'Angleterre ne négligera rien pour l'abattre.

Ce qui lui manque, c'est une puissante armée de terre. Voilà pourquoi elle a besoin d'alliances, et tout particulièrement de l'alliance de la France.

L'armée anglaise.

Pour l'exercice 1904-1905, le budget de l'armée anglaise représentait un chiffre de dépenses totales de 722 500 000 francs, en diminution de 140 000 000 de francs sur le chiffre de l'exercice précédent.

L'effectif total était fixé à 227 000 hommes, soit une

diminution de 8761 hommes sur le chiffre de l'année précédente.

Sur ce nombre, 21 500 hommes sont placés en garnison permanente dans le sud de l'Afrique.

Le projet de budget prévoit le renouvellement complet de l'armement de l'artillerie, y compris les batteries de réserves. Ce renouvellement, qui devra être terminé à la fin de mars 1907, coûtera 78 750 000 francs et commencera par l'armée de l'Inde.

Le fusil anglais est le Lee-Metford, avec magasin de 10 cartouches (1).

Tous les hommes d'État et toutes les autorités militaires de la Grande-Bretagne sont d'avis que l'armée actuelle est devenue insuffisante, en présence des modifications qui se sont produites dans l'équilibre international.

Cet état d'esprit a été exprimé dans une intéressante conférence faite à Sheffield par M. L.-J. Maxse, l'éminent directeur de la *National Review*.

Il a rappelé la cause des événements — habilement dirigés par Bismarck — qui ont eu pour effet de placer l'Angleterre, pendant de nombreuses années, dans la position du « splendide isolement », dont les Anglais se sont faits pendant si longtemps un titre de gloire, mais qu'ils reconnaissent maintenant comme les ayant exposés à la guerre dans plus d'une circonstance.

La politique de Bismarck n'a été qu'une longue suite d'intrigues, dont le but était de ne pas per-

______

(1) L'armée anglaise vient d'être pourvue d'un nouveau fusil court, adopté récemment, et qui doit servir à la fois de carabine pour la cavalerie et de fusil pour l'infanterie. Quoique l'école de mousqueterie de Hythe approuve l'usage de cette arme nouvelle, de nombreux experts de tir ne se fient pas à sa justesse, et auraient préféré que le War-Office se tînt au fusil maintenant réformé, dont la précision était, dit-on, plus grande.

mettre à l'Angleterre de conclure d'alliances. C'est la poursuite de cette politique qui a failli amener la guerre entre l'Angleterre et la France à propos de Fachoda et du Siam, et avec la Russie, durant la guerre franco-allemande et à nouveau, en 1895, à propos de l'incident de Penjdeh.

La France fut poussée à s'approprier la Tunisie afin de lui aliéner l'Italie, et, en fait, la prise de possession de ce territoire par les Français jeta l'Italie dans les bras de l'Allemagne et amena la conclusion de la Triple-Alliance.

Mais les puissances européennes comprirent enfin le but de l'Allemagne, et un changement extraordinaire s'ensuivit dans l'atmosphère internationale. L'Autriche et la Russie parvinrent à s'entendre au sujet des Balkans ; la France et l'Italie réglèrent leurs différents dans la Méditerranée; la Grande-Bretagne et la France s'aperçurent que leurs querelles en Asie et en Afrique avaient pour conséquence la suprématie de l'Allemagne sur l'Europe, et de là naquit l'*entente cordiale* contre laquelle l'empereur d'Allemagne entra ouvertement en guerre dès le début.

M. Maxse a déclaré que le principal gage de la paix, c'est, à l'heure actuelle, la marine britannique. Malheureusement, la faiblesse de l'armée de terre anglaise est un encouragement à la guerre. Il est donc indispensable que l'Angleterre constitue une armée qui la mette en mesure de faire face aux nouvelles obligations qu'elle a contractées.

C'est bien là l'idée que lord Roberts, la plus haute autorité militaire de l'Angleterre, cherche à faire pénétrer dans tous les esprits. Depuis les événements du Transvaal, il n'a jamais cessé de signaler à la nation qu'elle n'est pas préparée pour la guerre. Il voudrait que l'instruction militaire fût donnée à tous les Anglais.

Lord Roberts a repris cette thèse au cours d'un grand discours qu'il a prononcé, le 29 janvier 1906, à la Chambre de commerce de Liverpool.

Il a fait le procès de l'armée anglaise et exposé son projet d'une armée d'un million d'hommes.

Après avoir fixé à 500 000 hommes le nombre de soldats que l'Angleterre devrait pouvoir mettre en ligne en cas de conflit européen, l'ancien commandant en chef de l'armée sud-africaine a affirmé que, pour combler les vides créés dans une pareille armée, de telle façon que l'effectif primitif subsiste à la fin d'une campagne, quelque longue qu'elle puisse être, il ne faudrait pas moins, en Angleterre, d'un million de soldats entrainés.

« Cette affirmation, a dit l'orateur, je l'ai émise, il y a trois mois, à la Chambre des lords. Je disais que notre armée actuelle est absolument incapable et aussi peu préparée à la guerre qu'elle le fut en 1899.

« Je le répète encore aujourd'hui. Notre seul désir, en Europe, est de laisser les choses dans le *statu quo*. Mais c'est là une situation qu'on ne peut maintenir sans une armée suffisamment forte pour imposer le respect à quiconque voudrait nous attaquer.

« Je crois notre marine absolument capable de faire face à n'importe quelle éventualité, mais il ne faut pas nous laisser influencer par notre prédominance sur mer, car elle doit être soutenue par une armée capable de la seconder.

« Je suis d'ailleurs d'avis que, pour arriver à ce résultat, il n'est nullement besoin d'avoir recours à la conscription. »

Néanmoins, cette guerre du Transvaal à laquelle lord Roberts fait allusion, si elle a fait découvrir des défauts dans l'organisation militaire anglaise, a été en même temps une démonstration de la puissance de l'effort que la Grande-Bretagne, même non préparée, peut mettre dans ses entreprises.

On ne rappellera jamais assez que, du 1er juillet 1899 au 31 mars 1901, le Gouvernement britannique a affrété, pour les transports effectués à destination de l'Afrique australe, 149 navires, d'un tonnage d'ensemble de 892 525 tonneaux, qui firent 327 voyages et transportèrent 2 037 043 tonneaux. Au nombre de ces navires se trouvaient quelques-unes des plus puissantes unités de la marine marchande britannique, telles que le *Cymric*, le *Suevic*, le *Medic*, le *Persic*, l'*Afric*, le *Norseman*, le *Jason*, dont les deux premiers et le dernier dépassent 12 000 tonneaux de jauge et les quatre autres 11 000 tonneaux.

Cette flotte a transporté en Afrique, d'Angleterre ou des stations navales et militaires anglaises de la Méditerranée, 249 840 hommes de troupe et 9 842 officiers ; — des Indes, à même destination, 10 392 hommes de troupes, 417 officiers, 2 822 valets de camp ; — des colonies britanniques, 10 814 hommes et 612 officiers. Au total 284 799 hommes, 160 000 chevaux, 75 000 mulets.

Cette expédition formidable, accomplie à l'extrémité de l'Afrique australe, montre ce que le gouvernement de Londres pourrait faire, s'il lui fallait agir à proximité des côtes anglaises, n'ayant à franchir que la mer du Nord, et pouvant utiliser (ce que la position du Transvaal empêchait) la puissance combattante de sa marine de guerre.

La marine de guerre britannique.

Depuis trois ans, des réformes profondes ont été apportées dans le plus important des services du Royaume-Uni, — la marine de guerre.

Elles sont résumées dans un *Livre Bleu*, publié à la fin de 1905, sous la signature de lord Cawdor, premier lord de l'Amirauté.

« Quoique se rapportant, dit ce document, à des points qui, à première vue, ne paraissent pas avoir entre eux de connexion bien marquée, les remaniements opérés par l'Amirauté forment cependant un ensemble. Ils ont leur base dans la réorganisation du personnel et dans la distribution nouvelle des flottes anglaises. »

La vente ou la démolition d'un chiffre important de navires, qui n'avaient plus de valeur militaire appréciable, ont rendu disponible un nombre d'hommes suffisant pour qu'il soit devenu possible de donner aux navires en réserve des équipages permanents, et, comme conséquence, ont permis d'avoir ces navires à tout instant prêts à combattre. Le résultat de cette mesure a été la création d'une flotte de réserve toujours prête à prendre la mer.

D'autre part, la disparition d'unités usées ou démodées, qui exigeaient de fréquentes réparations, a sensiblement réduit la somme des efforts demandés aux arsenaux et permis une réorganisation des conditions de travail.

Tous les navires aptes à jouer un rôle militaire sont toujours prêts à prendre la mer, parce que leurs équipages sont uniquement composés d'hommes appartenant au service actif.

Cette mesure est extrêmement importante. Une flotte qui, dès les premières heures de la guerre, marchera au combat avec des navires dont les équipages seront accoutumés au service du bâtiment qu'ils montent et à l'usage de son matériel, possédera un énorme avantage sur telle autre, — comme la flotte française, par exemple, — où l'on aura dû embarquer à la hâte, au dernier moment, des matelots réservistes, plus ou moins déshabitués des choses de la mer et des exigences du service à bord des cuirassés modernes.

La répartition des forces navales anglaises a subi depuis trois ans de profondes modifications. La rigidité de la réglementation ancienne, qui fixait des limites strictes aux diverses divisions navales, a disparu, et un système infiniment plus élastique a prévalu.

La distribution des navires de guerre varie maintenant suivant les besoins que font naître les rapports entretenus par les puissances et les modifications que ces puissances peuvent apporter dans la constitution ou l'efficacité de leurs forces navales (1).

C'est en application de ce principe que, depuis le remaniement opéré en mars 1905 par lord Selborne, la force de l'escadre de la Manche, destinée à veiller sur les mers du Nord, a été portée à 17 cuirassés, et que les première et deuxième divisions de croiseurs cuirassés, dont le rôle est de renforcer cette escadre en temps utile, ont reçu chacune 6 unités du dernier modèle.

L'Amirauté attache une grande importance à la question des navires-ateliers, si négligée en France. Chacune des principales escadres doit posséder un de ces bâtiments, dont le rôle est des plus utiles. Grâce à une installation qui leur permet d'effectuer des travaux importants, ils peuvent, en effet, réparer sur place des avaries qui eussent, sans leur présence, nécessité le renvoi du navire avarié dans un arsenal peut-être fort éloigné.

Les prochaines grandes manœuvres navales anglaises, qui s'exécuteront au mois de juin, feront prendre la mer à tous les bâtiments de combat dont l'usage est prévu en temps de guerre. On peut juger d'après cela de l'importance qu'elles auront. On y étudiera spécialement les meilleurs procédés à employer pour la protection du commerce maritime.

L'Amirauté fait ressortir la nécessité d'abréger, si possible, la durée de la construction des navires, tout en déclarant formellement que, quelque programme formidable que puisse élaborer telle ou telle

____

(1) Ceci vise nettement l'Allemagne.

nation, l'Angleterre, par la rapidité de ses constructions, sera toujours en état d'y faire face.

Enfin, le *Livre Bleu* annonce qu'à la réduction opérée dans le budget de 1905-1906 et qui se chiffrait par 87 millions de francs, l'Amirauté en ajoutera une de 30 millions pour le budget de 1906-1907, ce qui réduit le budget normal de la marine à 790 millions de francs.

Dans l'ensemble de ce rapport perce, à chaque instant, la préoccupation que cause à l'Angleterre le développement continu de la puissance navale allemande, et la volonté bien arrêtée de lui opposer constamment un développement supérieur.

Cette volonté s'est surtout affirmée en 1905, par la croisière que l'escadre anglaise est allée faire dans la mer Baltique, que le gouvernement de Berlin s'habituait trop à considérer comme « un lac allemand ». Cette démonstration, qui fit écumer de colère toute la presse germanique, avait pour objet direct de démontrer que le littoral allemand était tout aussi vulnérable pour la flotte anglaise, du côté de la Baltique, que du côté de la mer du Nord.

Or, dans cette dernière direction, une intervention de l'Angleterre serait d'une efficacité indéniable.

Un débarquement anglais au Slesvig-Holstein.

On a fait des gorges chaudes, dans la presse allemande, du projet attribué à l'Angleterre, pour seconder la France, dans le cas d'un conflit de cette dernière avec l'Allemagne à propos des affaires du Maroc, de débarquer une armée sur les côtes du Slesvig-Holstein.

Ces railleries affectées dissimulaient mal une inquiétude très réelle.

On ne se fait pas illusion à Berlin sur le sort qui attendrait la flotte allemande dans une bataille navale contre les forces combinées de la France et de l'Angleterre. La marine de guerre allemande disparaîtrait

Région des côtes allemandes où pourrait s'effectuer un débarquement anglais menaçant Wilhemlshaven, Brême, Hambourg et le canal de Kiel.

à bref délai de la face de la mer du Nord et même de la Baltique, comme la marine de guerre russe a disparu des mers d'Extrême-Orient.

Maîtresse des mers, avec les moyens de transport dont elle dispose, rien ne serait plus facile pour l'Angleterre, sous la protection des canons de ses navires, que de débarquer sur n'importe quel point du littoral allemand, 100 000 hommes, 200 000 hommes, plus encore si c'était nécessaire.

Sur la mer du Nord, l'Allemagne offre aux coups de l'ennemi une foule de points importants et vulnérables : l'embouchure de la Jahde et le port de Wilhemlshaven ; l'embouchure du Weser, l'embouchure de l'Elbe, l'entrée du canal de Kiel.

S'il a été question du Slesvig-Holstein, c'est qu'un débarquement sur ce point présenterait de nombreux avantages. Une armée qui aurait pris pied dans l'isthme menacerait, par le flanc nord, le centre de tout le dispositif allemand.

Elle pourrait, suivant les circonstances, soit se tenir sur la défensive, ayant ses communications assurées par mer, ses derrières appuyés à la frontière danoise, immobilisant ainsi d'importants effectifs allemands, — soit se porter vers le Rhin, en prenant à revers les armées allemandes opérant contre la France, — soit foncer sur Berlin et désorganiser tous les plans arrêtés d'avance.

De plus, elle aurait de sérieuses chances de provoquer, par sa présence dans le Slesvig-Holstein, une éventualité des plus vraisemblables, et qui constituerait un sérieux appoint contre l'Allemagne. En effet, le Danemark n'hésiterait sans doute pas à profiter de cette occasion unique pour prendre les armes et rentrer en possession des duchés.

La vaillante armée danoise, bien qu'elle ne compte sur le pied de guerre que 66 500 hommes répartis en 128 bataillons d'infanterie et 18 escadrons de cavalerie, avec 128 canons de campagne, apporterait un précieux concours à la lutte, en permettant d'exercer au nord de l'Allemagne une forte pression

qui obligerait le grand état-major à dégarnir d'autant
les forces opérant du côté de la frontière française.

La marine marchande allemande.

Nous venons de dire que la flotte combinée franco-
anglaise bloquerait aisément tous les ports de l'Allemagne et anéantirait la marine de guerre sans difficultés.

Que deviendrait alors la marine marchande allemande? Elle serait à la merci des deux alliés.

Or, cette marine est devenue une des plus floris-
santes du monde. Son développement extraordinaire, devenu menaçant pour le commerce britannique, a suscité en Angleterre, dans le monde des
affaires, une émotion réelle, qui n'est pas étrangère
au rapprochement franco-anglais.

En 1871, le tonnage de la flotte commerciale allemande était exactement de 81 994 tonnes. Aujour-
d'hui il est de plus de 2 500 000 tonnes, soit une
augmentation régulière de près de 100 000 tonnes
par an.

Depuis le 1er janvier 1888, le Gouvernement allemand a dépensé 610 700 000 francs, uniquement pour
agrandir ses ports et pour en améliorer l'état. Le
port de Hambourg à lui seul a absorbé une somme
de 375 millions de francs, et le port de Stettin une
somme de 50 millions de francs.

Les capitaux mis à la disposition des compagnies
de navigation allemande sont énormes. Le *Nord-
deutscher Lloyd* a un capital de près de 140 millions
de francs. La *Hambourg-Amerika* a un capital de
90 millions de francs.

Ces capitaux sont des plus rémunérateurs. Les
compagnies de navigation allemandes distribuent
des dividendes de 6 à 11 p. 100.

Rien que dans les docks de la Baltique, il y a une

armée de 35000 ouvriers qui y est employée de façon permanente et travaille par contrats annuels. Il y a, en outre, une armée de 20 à 25 000 hommes, composée d'éléments divers, qui travaille au mois ou à la journée, c'est-à-dire de façon temporaire.

Les six principaux chantiers allemands de la Baltique emploient à eux seuls autant d'ouvriers que tous les chantiers russes, suédois, norvégiens, danois, hollandais et belges réunis de la mer du Nord et de la Baltique.

En 1898, par exemple, ces six chantiers ont construit ou achevé de construire pour plus de 300 000 tonnes de navires. Ils ont livré 18 vaisseaux de guerre au Gouvernement allemand et 16 à divers Gouvernements étrangers.

Est-il étonnant que l'Allemagne possède aujourd'hui plus de 1 500 vapeurs et plus de 2 500 voiliers?

Depuis 1894, ses importations se sont accrues de 41 p. 100, et ses exportations de *361 p. 100.*

Telle est la situation prospère qui serait exposée à crouler dans une guerre où l'Allemagne aurait contre elle la France et l'Angleterre.

Inutile d'ajouter que, si l'Italie s'unissait à l'Allemagne dans une guerre contre la France et l'Angleterre, sa marine de guerre et sa marine marchande éprouveraient le même sort.

Les colonies allemandes.

L'Allemagne possède un empire colonial qui se compose, en Afrique, du Togoland, du Cameroun, de l'Afrique sud-occidentale allemande et de l'Afrique orientale allemande; — en Asie, de la concession de Kiao-Tchéou (Chine); — en Océanie, de la terre de l'Empereur-Guillaume, sur la côte septentrionale de la Nouvelle-Guinée; — de l'archipel Bismarck, des îles Salomon et Marshall, d'une partie des îles Samoa, des Carolines achetées à l'Espagne.

Il adviendrait de toutes ces colonies ce qui eut lieu pour les colonies françaises pendant les guerres du premier Empire, alors que l'Angleterre était souveraine maîtresse des mers et que nos possessions extérieures ne pouvaient être secourues.

Les possessions allemandes, isolées de la métropole, deviendraient la proie facile de la France et de l'Angleterre.

L'Afrique orientale allemande, notamment, qui se trouve justement sur le parcours du chemin de fer projeté du Cap au Caire, serait incorporée à l'Empire britannique sans aucun espoir de rétrocession au moment de la conclusion de la paix. Il en serait probablement de même du sud-ouest africain, qui deviendrait partie intégrante de l'Afrique australe anglaise.

Le Cameroun, enclavé entre le Congo français et le Niger britannique, serait partagé à l'amiable, de même que le Togoland, qui est enclavé entre le Dahomey et le pays des Achantis.

Kiao-Tchéou ferait probablement retour à la Chine.

Quant aux possessions océaniennes, il ne serait nullement malaisé d'en faire l'attribution.

L'Italie, si elle se mêlait au conflit, serait également exposée à perdre ce qui lui reste de l'Erythrée.

Il n'est pas douteux que l'empereur d'Allemagne et ses conseillers ont dû passer en revue ces diverses éventualités, et qu'elles entreront en ligne de compte dans leur détermination.

Il est visible qu'une guerre contre la France exposerait l'Allemagne à de gros aléas, puisque, sous tous les aspects où nous l'avons envisagée, rien ne prouve que nos ennemis seraient victorieux.

Au contraire, bien des motifs militent en faveur de la France.

Une offensive, même foudroyante, la trouverait prête à la résistance.

Nos forts d'arrêts et nos forteresses, sur lesquelles s'appuieraient nos troupes de couverture, tiendraient vraisemblablement un temps suffisant pour permettre de terminer, sans trouble, la mobilisation et la concentration.

Les forces de première ligne sont sensiblement égales.

Notre armement vaut celui des Allemands; il est même supérieur, en ce qui touche à l'artillerie.

Nos soldats sont bien entrainés et bien commandés.

Notre organisation militaire est telle que rien n'a été abandonné à l'imprévu.

La violation de la neutralité belge aurait pour effet de créer à l'Allemagne un ennemi de plus.

Enfin l'intervention possible de l'Angleterre exposerait la marine et le commerce allemands à de telles pertes que cette seule considération est de nature à faire hésiter les gouvernants les plus agressifs.

Mais il est une dernière considération, qui prime toutes les autres et que nous n'avons pas encore abordée.

C'est la question financière !

XIII

LE NERF DE LA GUERRE

CE QUI POURRAIT EMPÊCHER LA GUERRE D'ÉCLATER. — LES PUISSANCES QUI ONT DE L'ARGENT : FRANCE, ANGLE-TERRE, ÉTATS-UNIS. — LES PUISSANCES QUI N'EN ONT PAS : ALLEMAGNE, ITALIE.

Montecuculli, un des maitres les plus écoutés de tous ceux qui s'occupent des questions militaires, a formulé cet axiome inéluctable.

« Pour faire la guerre, il faut trois choses : 1° de l'argent ; 2° de l'argent ; 3° de l'argent. »

Plus le temps marche, plus cet axiome s'impose impérieusement.

Il faut de l'argent pour faire la guerre ; il faut de l'argent pour la préparer, et les sommes qu'elle engouffre sont telles qu'on ne saurait réfléchir trop longuement avant de la juger inévitable et de la laisser éclater.

Il suffit de jeter un coup d'œil sur la « note à payer » des dernières guerres depuis cinquante ans pour se rendre compte de cette vérité.

La guerre de Crimée, en 1854, a coûté 150 000 hommes et 10 milliards de francs ;

La guerre d'Italie, en 1859, 45 000 hommes et 1 500 millions ;

La guerre faite au Danemark par l'Autriche et la Prusse coalisées, en 1864, 3 000 hommes et 175 millions de francs ;

12.

La guerre austro-prussienne, en 1866, 45 000 hommes
et 1 milliard 600 millions ;

La guerre franco-allemande, 1870-1871, 215 000
hommes et 15 milliards ;

La guerre russo-turque, 250 000 hommes et 5 milliards 500 millions ;

La guerre sud-africaine a coûté à l'Angleterre
40 000 hommes et 4 milliards.

Nous n'avons pas encore les totaux définitifs des
pertes totales en hommes et en argent occasionnées
par la guerre russo-japonaise, mais on sait qu'ils
sont énormes.

D'ailleurs, il suffit d'examiner les charges écrasantes imposées par le seul maintien de la *paix armée*
pour se rendre compte de ce qu'elles deviendraient
en temps de guerre.

Voici les chiffres qu'atteignent à l'état de paix les
dépenses annuelles militaires et maritimes des *sept
grandes puissances* du monde :

États.	Guerre et marine.	Charge par habitant.
Angleterre........	2.655.875.000 fr.	62 fr. 85
États-Unis	1.853.250.000 fr.	23 fr. 25
Russie............	1.350.250.000 fr.	9 fr. 85
Allemagne........	1.231.375.000 fr.	21 fr. 25
France	1.159.000.000 fr.	29 fr. 75
Autriche-Hongrie .	511.000.000 fr.	11 fr. 10
Italie............	315.000.000 fr.	13 fr. 75

En dix années, les dépenses d'ordre militaire
(guerre et marine) que s'impose l'Europe ont augmenté de 3 milliards 263 millions, et nul ne peut prévoir où s'arrêtera cette progression.

Que l'on juge d'après cela ce que coûterait, *par
jour*, une guerre à laquelle prendraient seulement
part la France et l'Allemagne, et qui mettrait en
branle, de chaque côté, *plus de 2 millions d'hommes !*

C'est ce chiffre terrifiant de la dépense quotidienne
occasionnée par une guerre semblable qu'il faut

mettre dans la balance pour peser les chances de conflagration ou de paix.

Avant de redouter l'explosion d'un conflit, il n'est pas inutile de jeter un coup d'œil sur la situation financière des États qui sont appelés à y prendre part.

Si nous n'étions pas convaincus de cette vérité, il suffirait de considérer comment l'envisagent les Allemands pour en être complètement persuadés.

Voici, à cet égard, ce que dit M. Rudolf Martin, conseiller à l'Office impérial de statistique, une des autorités financières de l'Allemagne, dans un livre sur *l'Avenir de la Russie et du Japon :*

« La Russie, actuellement, a une dette de 21 milliards de francs, soit, en chiffres ronds, 900 millions de francs d'intérêts à payer chaque année. Elle va être incessamment obligée de faire des emprunts nouveaux et considérables, qui porteront ses charges annuelles à environ 1 300 000 000 francs. En échange de ce passif formidable, quel est son actif? Les réserves or de la Banque s'élèvent à 3 milliards de francs, somme insuffisante pour gager même la circulation fiduciaire intérieure; quant à la circulation or, dans le pays, elle atteint à peine 2 milliards. Les chemins de fer? Leur valeur est très inférieure au total de la dette; depuis plusieurs années, ils sont en déficit croissant; de plus, une petite partie des emprunts étrangers seule a été placée en valeurs productives, aujourd'hui détruites par la guerre. Les dépenses du budget augmentent dans des proportions beaucoup plus grandes que les ressources; ce n'est pas maintenant qu'elles se ralentiront. Enfin la fortune privée est très peu développée en Russie.

« L'avenir de la Russie est intimement lié à l'état de ses finances, et l'état de ses finances à celui de son agriculture, de cette agriculture qui, d'après Kowalewski, emploie 87 1/2 p. 100 de la population et, d'après Pierre Lochtin, 78,9 p. 100.

« Seule l'agriculture prospère peut relever la Russie; qu'elle devienne puissante, — qu'elle donne des rendements à l'hectare égaux aux rendements connus en France et en Allemagne, et alors seulement les porteurs de titres russes n'auront rien à craindre; dans le cas contraire, ils sont absolument compromis!

« Or, l'agriculture russe est, aujourd'hui, à tous les

points de vue, dans un état d'abaissement épouvantable ; elle se trouve dans une situation analogue à celle de l'agriculture allemande il y a plus de cent ans ; son rendement moyen à l'hectare est encore de 382 kilog. (23,2 pud), alors qu'en Allemagne ce rendement est de 1 380 kilog. ; elle doit employer 25 p. 100 de ses maigres récoltes en semences, au lieu de 12 p. 100, comme la plupart des autres pays. Y a-t-il des progrès à espérer ? Non, et pour plusieurs raisons : à cause de la division du sol et du mode de culture (biens communaux partagés tous les dix ans entre les différentes familles du mir) ; — à cause de l'absence totale de technique agricole et de machines ; — à cause de l'ignorance complète de tous, de la misère et du manque d'argent. Ajoutons à cela que si, depuis 1861, le paysan russe est nominalement libre, sa situation matérielle n'en est guère améliorée, car il doit payer l'impôt, et les impôts sont de plus en plus lourds. Enfin ce n'est pas le mouvement révolutionnaire qui permettra à l'agriculture de se développer et qui lui apportera des capitaux. Dans ces trois dernières années, et principalement en 1904, les récoltes furent passables, mais déjà les mauvais jours réapparaissent ; la disette revient comme en 1891, 1892, 1898, 1899 et 1901. « La situation de l'agriculture russe est sans espoir, et, par suite, la banqueroute est inévitable. »

« L'Allemagne, par la banqueroute russe, est assurée de la paix, car la Russie ne pourra rien contre elle, et la France, totalement ruinée, se trouvera complètement isolée.

« Que les Allemands se débarrassent dès maintenant des titres russes qu'ils détiennent ; certes, ceux qui ont acheté en 1903 à 99 subiront quelques pertes, puisque les cours actuels sont tombés à 88 ; ils perdront cependant moins que s'ils attendent encore, car les fonds russes, aujourd'hui soutenus par des achats faits pour le compte du gouvernement de Saint-Pétersbourg, sont très au-dessus de leur valeur. — Que les Allemands, également, ne souscrivent pas les nouveaux emprunts ; que les États-Unis s'abstiennent aussi ; et alors la Russie ne pourra s'adresser qu'à la France.

« *La France et la Russie, seules, doivent supporter les conséquences de la banqueroute russe.*

« Et alors l'Allemagne aura gagné plus que par la campagne la plus glorieuse. Pendant des générations, la Russie et la France seront impuissantes à l'attaquer ; la France devra abandonner son œuvre coloniale au Tonkin, à Madagascar, en Algérie et en Tunisie ; affaissée, elle devra renoncer à toutes ses ambitions de politique étrangère. La Russie n'entrera jamais aux Indes, et l'Extrême-Orient lui demeurera fermé.

« Pendant ce temps, la puissance militaire de l'Allemagne augmentera. Ce ne sera pas Saint-Pétersbourg, comme les Slaves le rêvent depuis vingt ans, mais Berlin qui deviendra la capitale de l'Europe continentale ! »

Comme on le voit, pour M. Rudolf-Martin, impuissance financière équivaut à impuissance militaire, et, sur ce point, il est dans le vrai.

Il y a aussi du vrai dans ce qu'il a dit de la fâcheuse situation des finances de la Russie.

Où il exagère, prenant ses désirs pour des réalités, c'est lorsqu'il considère la Russie comme fatalement acculée à la banqueroute.

C'est là un faux point de vue, analogue à celui qui porte bien des esprits, d'autre part clairvoyants, croire que la Russie ne peut intervenir, en ce moment, dans les affaires de l'Europe.

La Russie n'est pas aussi malade qu'elle en a l'air ou qu'on cherche à le faire croire.

Où l'auteur allemand se trompe tout à fait, c'est lorsqu'il pronostique que la banqueroute de la Russie entraînerait *la ruine* de la France.

Certes, un pareil événement serait plus ou moins désastreux pour un certain nombre de porteurs de valeurs russes. Il y aurait un moment de panique, de crise, comme lorsque survint la débâcle de l'affaire de Panama, mais la fortune de la France ne saurait en éprouver une sérieuse atteinte.

Fort heureusement, elle est loin d'être uniquement composée de valeurs russes. Par conséquent, la débâcle de celles-ci, que rien en ce moment ne permet de prévoir, n'entraînerait nullement *la ruine* de la France.

A la manière de voir du statisticien allemand, nous en opposerons une autre, beaucoup mieux fondée, parce qu'elle repose sur des faits actuellement existants, et non sur des hypothèses qui ne se réaliseront peut-être jamais.

Les pays qui ont de l'argent : France, Angleterre, États-Unis.

Vers le milieu de l'année 1905, alors que la guerre russo-japonaise était sur le point d'aboutir à la paix, le *New-York Sun* proposait, en ces termes, une triple alliance de la France, de l'Agleterre et des États-Unis :

« M. Paul Deschanel, ancien président de la Chambre française des députés, a préconisé récemment, dans le *Daily Mail* de Londres, une alliance intime entre la France, la Russie et la Grande-Bretagne. Considérée comme sujet d'un débat académique, pareille proposition pourrait certainement fournir matière à discussion.

« Mais étant donnée la difficulté de réconcilier promptement les intérêts anglais et russes, cette proposition est, pour le moment, moins pratique qu'une autre combinaison internationale, dont l'idée a pris aussi naissance à Paris : nous voulons parler d'une étroite et cordiale entente entre la France, la Grande-Bretagne et les États-Unis.

« La possibilité pratique d'un pareil arrangement est incontestable. Les peuples français, anglais et américain sont déjà unis entre eux par une sincère et cordiale amitié. Nulle part leurs intérêts ne sont en conflit, maintenant que les vieux désaccords entre la France et l'Angleterre ont été réglés par le traité conclu entre M. Delcassé et lord Lansdowne.

« Il n'y aurait aucun obstacle d'ordre sentimental, économique ou politique à une pareille coopération. Les temps sont mûrs et les conditions propices pour que les trois nations désignées se mettent en ligne et qu'elles proposent la réduction des armements militaires, qu'elles préconisent le recours à l'arbitrage et hâtent l'avènement de la paix universelle.

« Si nous devons voir jamais se réaliser la vision d'un Parlement représentant la fédération du monde, le premier pas effectif dans ce sens doit être fait par la France, la Grande-Bretagne et les États-Unis, pays de libres institutions, modèles du gouvernement représentatif.

« Au cas d'une guerre avec l'actuelle Triple-Alliance, ou avec une coalition russo-germanique, ou contre l'Allemagne seule, il serait facile aux armées réunies de la France, de l'Angleterre et des États-Unis de tenir tête, car ces pays représentent les trois quarts de l'humanité pensante, *les trois quarts du capital mondial* !

A un certain point de vue, une coalition de ce genre peut, au premier abord, paraître moins utile, et, par conséquent, moins désirable que celle préconisée par M. Deschanel.

« Des trois puissances dont on propose la coalition, la France, qui, seule, jouit d'une situation prépondérante, serait victime de la combinaison, car elle seule, dont le territoire est exposé à une invasion, donnerait des otages à la fortune.

« Cela est indiscutablement vrai, en ce sens que, parmi les puissances européennes, seule la Russie a, *ou aurait*, si elle était réorganisée, assez de troupes pour mettre la France à l'abri d'une nouvelle invasion allemande.

« Toutefois, dans nos temps de haute civilisation, les nations ne se font pas seulement la guerre avec des bataillons, ou uniquement dans le but d'étendre leur territoire. Elles se font aussi la guerre à coups de dollars, et la victoire reste, en fin de compte, ainsi que Napoléon Ier l'a dû constater lui-même, à la bourse la mieux garnie.

« Les armées de l'Allemagne pourraient parcourir

la France de Calais à Bayonne, mais elles ne pourraient s'y maintenir, si les immenses ressources pécuniaires de l'Angleterre et des États-Unis étaient, loyalement et sans réserve, appliquées à la libération du territoire français. Si la France refusait, d'autre part, avec ténacité, de payer une indemnité de guerre, le coût de celle-ci, fût-elle des plus courtes, épuiserait l'Allemagne.

« Le coût d'une guerre prolongée, comme celle que l'Angleterre soutint contre Napoléon Ier, paralyserait complètement l'Allemagne, qui se verrait réduite à l'impuissance, sans espoir de remplir ses coffres épuisés par un emprunt émis à l'étranger, car ni la Russie, ni l'Autriche n'ont d'argent à prêter. Il serait également dérisoire de chercher quelque aide pécuniaire soit à Rome, soit à Madrid.

« Les financiers berlinois, auxquels leurs confrères de Paris, de Londres et de New-York couperaient tout crédit, seraient bientôt aux abois. Ce n'est pas seulement, d'ailleurs, par un isolement financier que l'Allemagne serait étouffée. Son industrie serait frappée aux racines mêmes de sa prospérité, tandis que son commerce extérieur, dont l'établissement lui coûta tant d'efforts, tomberait à rien, et que sa marine marchande serait balayée de l'Océan. Quant à ses possessions d'outre-mer, elle s'en verrait dépouiller et devrait renoncer à son rêve de fonder un empire colonial.

« Aucun chef d'État dans son bon sens, et moins que tout autre un souverain ayant, comme c'est le cas pour l'empereur Guillaume II, des comptes à rendre aux princes de son empire, au sein du conseil fédéral ; à ses sujets, devant le Parlement, — aucun souverain, dis-je, ne voudrait exposer son pays à la catastrophe qui attendrait l'Allemagne si elle entrait en lutte avec la puissance financière coalisée des trois plus riches nations du monde.

« La bienveillance de cette coalition pacifique pourrait favoriser les ambitions légitimes que l'empereur Guillaume II nourrit pour son pays; mais il aurait tout à perdre en essayant d'entrer en lutte avec la France, l'Angleterre et les États-Unis.

« Non seulement la combinaison internationale que nous proposons serait invulnérable, mais encore elle exercerait une sorte d'attraction aussi irrésistible que celle de la pesanteur; la Russie s'y trouverait attirée par son traité avec la France, comme le Japon par son alliance avec l'Angleterre.

« L'Italie, l'Autriche, l'Espagne se verraient, elles aussi, entraînées dans la même direction par leurs intérêts dans la Méditerranée et leurs besoins financiers.

« Ce besoin impérieux d'argent pour son développement économique, que ressent tout pays, finirait par agir à la façon d'un aimant, sur toutes les nations du monde. »

Ce qu'il y a de positif et de tangible dans ces considérations, ce qui est indéniable, c'est que la puissance économique est devenue la condition *sine qua non* de la puissance politique, et qu'elle exercera de plus en plus, de par le monde, cette action prédominante. Tous les gouvernements en ont aujourd'hui conscience, et c'est ce qui fait que tous cherchent à s'assurer la suprématie économique.

Nous n'en voulons retenir que ce fait, savoir : que la France, l'Angleterre et les États-Unis sont les trois nations les plus riches du monde, et qu'elles détiennent, à elles seules, *les trois quarts du capital mondial !*

Voilà ce que le statisticien allemand a perdu de vue lorsqu'il a aperçu, dans ses rêves, la banqueroute russe provoquant la ruine de la France.

Jamais la situation économique et financière de la

France n'a été plus prospère qu'à l'heure actuelle, en dépit d'une dette de *31 milliards* et d'un budget de près de *4 milliards*, pour une population qui ne dépasse pas *39 millions d'habitants*.

Il est à noter que la suppression du budget extra-ordinaire et l'inscription dans un budget unique de toutes les dépenses annuelles, donnent aux finances de l'État français une formule d'une sincérité absolue, qui les distinguent de presque toutes les autres.

La France témoigne d'une vitalité financière que rien n'affaiblit.

Il faut, d'ailleurs, reconnaître que l'accroissement des dépenses depuis 1870 provient surtout de la dotation beaucoup plus considérable des services publics qui intéressent la nation, dépenses utiles et productives au premier chef.

Autre remarque. Depuis 1876 jusqu'en 1890, le service des arrérages de la dette publique ne s'est accru que de 160 millions, ce qui représente, au taux moyen de 4 p. 100, un accroissement de 4 milliards en capital. Or, pendant la même période, les dépenses utiles ont dépassé 6 milliards, et d'autre part, dans ces quinze années, on a amorti 2 120 millions.

Cela témoigne d'une excellente situation financière.

La rente 3 p. 100 qui, en 1870, était à 55 francs, a dépassé le pair, que jamais auparavant elle n'avait même approché.

La base solide de notre édifice financier, c'est la puissance de l'épargne française.

Il suffit de rappeler qu'en dehors des fonds d'État et des titres français, la France possède près de *30 milliards* de fonds d'État et de titres étrangers, ce qui représente un revenu annuel de 1 milliard 500 millions, *payés en or à Paris*.

Il importe d'ajouter ces ressources au total de l'encaisse métallique de la Banque de France, qui approche de *4 milliards*, dont près de *3 milliards* en or.

C'est le stock d'or le plus considérable que possède n'importe quelle banque ou quel État du monde !

La circulation des billets de la Banque de France est devenue si considérable que, se trouvant à la veille d'atteindre le chiffre de *5 milliards*, que la loi du 17 novembre 1897 ne lui permettait pas de dépasser, elle a dû demander au Parlement et elle a obtenu une nouvelle loi élargissant sa faculté d'émission.

Il y a là un ensemble de faits financiers concordants, qui tous démontrent la prospérité économique de la France, et qui lui permettent de fonder, sur sa solide richesse, de sérieux espoirs de succès dans la lutte pour l'existence, soit qu'elle reste pacifique, soit qu'elle deviennent violente.

Est-il besoin d'insister sur la prospérité financière de l'Angleterre ?

Les chiffres successifs de sa dette nationale depuis 1836 témoignent de la ténacité de volonté avec laquelle ses hommes d'État se sont attachés à diminuer progressivement ses charges pendant les périodes de paix, afin de pouvoir faire appel à un effort vigoureux en cas de crise.

Voici ces chiffres, tels que les a publiés le gouvernement britannique :

1836 (Dette nationale)......	21.336.839 925	francs.
1846 —	...... 20.869.365.075	—
1856 —	...... 21.018.311.200	—
1866 —	...... 20.235.881.250	—
1876 —	...... 19.404.912.275	—
1886 —	...... 18.625.996.100	—
1896 —	...... 16.313.502.625	—
1897 —	...... 16.122.746 175	—
1898 —	...... 15.956.662.050	—
1899 —	...... 15.875.024.125	—
1900 —	...... 15.979.131.625	—
1901 —	...... 17.613.096.950	—
1902 —	...... 19.211.084.650	—

Ainsi, depuis 1830 jusqu'en 1899, la dette a été en décroissance constante et progressive. Il s'est produit seulement une légère fluctuation en 1856, à cause de la guerre de Crimée; la dette s'est accrue de 150 millions de francs. C'est peu, si l'on songe que cette guerre a coûté au trésor anglais exactement 1 028 054 375 francs. Mais, sauf ce léger arrêt, la dette va chaque année en s'allégeant.

Les partis se succèdent au pouvoir, la richesse de l'Angleterre s'accroît tous les jours, l'Empire britannique s'étend et assume sur tous les points du globe des charges nouvelles; la campagne d'Abyssinie (1867-1868) lui coûte 50 millions; la guerre russo-turque (1878), 80 millions; l'expédition sud-africaine de 1881, 100 millions; l'occupation militaire et navale de l'Égypte (1886), 82 850 000 francs... Malgré tout, la dette nationale, par une volonté obstinée, diminue toujours.

C'est ce qui a permis à l'Angleterre de dépenser *4 milliards* pour conquérir le Transvaal et la République d'Orange, tout en n'ayant qu'une dette encore inférieure au chiffre qu'elle atteignait en 1876.

Voilà un pays qui a du ressort, et qui n'a rien à craindre de l'entreprise la plus formidable, de la guerre la plus prolongée, bien que son budget, qui n'était que de 1 725 millions de francs en 1880-1881, ait aujourd'hui dépassé 3 milliards, surtout en raison des dépenses *normales* faites pour la dépense nationale, armée et marine.

**Les pays qui n'ont pas d'argent :
Allemagne, Italie.**

L'Allemagne avait pu, il y a trente-cinq ans, amortir complètement sa dette, grâce à l'indemnité de guerre payée par la France. Mais cette situation ne dura pas longtemps. L'empire allemand, pour faire face au développement de son hégémonie, se remit rapidement à s'endetter.

Bien que ne relevant pas, comme la France, d'une crise terrible, l'augmentation de ces dépenses a été tout aussi considérable, et notamment, depuis 1900, elles s'élèvent, d'une année à l'autre, par véritables bonds.

La dette de l'empire s'élève actuellement à 4 milliards 20 millions de francs, ce qui nécessite un intérêt annuel de 141 050 000 francs.

Le budget des dépenses, qui était, en 1871, de 202 millions, atteint 2 992 millions, laissant un déficit de 281 millions.

Le baron Stengel, ministre des finances de l'Empire, disait, au mois de janvier 1905 :

« Nous nous exposerions avec justice au reproche de vivre au jour le jour, si, dans la situation actuelle, nous ne jetions pas les yeux au delà de 1905. Je ne puis vous cacher que mes perspectives sont plutôt sombres... Je n'ai pas d'hésitation à déclarer qu'il est impossible de continuer dans la voie où nous nous sommes engagés. »

Afin de faire face au déficit, une proposition de loi a été déposée pour faire rentrer 250 millions de francs d'impôts nouveaux dans les caisses de l'empire.

Ainsi, l'Allemagne, avec ses dépenses croissantes qui atteignent le contribuable sous la forme d'impôts de plus en plus lourds ; — avec sa pénurie de numéraire, qui frappe fréquemment le commerçant, l'industriel, le banquier dans leurs opérations, en raison du loyer élevé de l'argent qu'ils doivent supporter, — l'Allemagne, si vivace sous d'autres rapports, est dans une des situations financières les moins heureuses parmi les peuples du vieux continent.

Or, d'après les calculs du grand état-major allemand, une grande guerre avec la France coûterait 22 500 000 francs par jour, soit 675 millions par mois, ou *8 milliards 100 millions de francs pour une année.*

Comment l'Allemagne pourra-t-elle faire face à ces écrasantes dépenses ?

Son trésor de guerre de Spandau (400 millions de francs), augmenté du fonds des Invalides (875 millions de francs), et du fonds des forteresses (125 millions de francs), dont l'Empereur peut disposer, constituent une première mise de 1200 millions de francs pour l'entrée en campagne. Mais elle sera complètement épuisée avant deux mois.

Comment trouver les ressources nécessaires pour prolonger la guerre ?

Les impôts, tellement lourds, qu'ils rendent, en temps normal, le *maximum* de ce qu'ils peuvent donner, ne peuvent être élevés en temps de guerre, qui va être un temps de chômage forcé pour toutes les industries nationales.

Que peut fournir un emprunt *intérieur* dans un pays où toute la provision d'or monnayé ne dépasse pas 3 milliards et demi de francs, et l'argent monnayé 1 milliard de francs ?

Comment, d'autre part, songer à un emprunt étranger qui ne pourrait se faire ni à Paris, ni à Londres, ni, très vraisemblablement, à New-York ?

Le nerf de la guerre parait donc devoir manquer très promptement à l'Allemagne, pour peu que la guerre se prolonge.

Nous ne parlerons que pour mémoire de l'Italie.

Si l'on s'en fiait aux budgets ordinaires, sa situation financière paraitrait prospère, puisque son budget de 1904-1905 se présente avec 1756 millions de recettes contre 1708 millions de dépenses.

Mais, au cours des sept derniers exercices, il y a eu, sur opérations extraordinaires, des déficits qui ont oscillé entre 15 et 60 millions.

L'Italie a une dette de 13 milliards 102 millions, qu'elle ne peut guère songer à augmenter, car, là aussi, le poids des impôts est déjà arrivé à son extrême limite.

Ce pays ne pourrait donc, lui non plus, réaliser, dans une guerre avec la France, un effort bien prolongé.

Tout concourt donc à nous rassurer, même au point de vue financier, sur l'issue d'une guerre éventuelle avec l'Allemagne et l'Italie.

CONCLUSION

LE BILAN DES PROBABILITÉS

Le moment est venu de tirer les conclusions qui se dégagent des pages qui précèdent.

Elles se réduisent à chercher à prévoir, au moyen des éléments d'information dont nous disposons, dans quel sens les probabilités semblent indiquer que seront résolues ces deux questions :

Aurons-nous ou n'aurons-nous pas la guerre?

Si nous avons la guerre, de quel côté se trouvent les plus grandes chances de succès?

§ 1. — **Raisons qui militent en faveur de la guerre.**

La première des raisons qui militent en faveur de l'éventualité d'une guerre entre la France et l'Allemagne, c'est qu'en 1905, par deux fois, en juin et en décembre, cette guerre a failli éclater en réalité.

Pour que, à deux reprises, les deux pays aient été amenés à la veille d'un conflit armé, c'est que se trouvaient réunis, cela est bien évident, des éléments de discorde suffisants pour justifier une semblable conflagration.

Si le conflit n'a pas éclaté, est-ce parce que les causes qui l'avaient provoqué ont disparu, ou bien, parce que l'un ou l'autre des adversaires a eu des motifs suffisants pour temporiser et attendre une occasion meilleure?

Quelles ont été les causes du désaccord?

Il y en a d'apparentes, il y en a de réelles!

Les causes apparentes, celles qui ont été surtout mises en avant par la chancellerie allemande, se résument à ceci :

« La France a contracté avec l'Angleterre et avec l'Espagne, au sujet du Maroc, des accords particuliers, sans tenir compte des intérêts considérables que l'Allemagne possède dans ce pays. Le gouvernement de Berlin ne peut pas se désintéresser de cette question. Il ne peut pas admettre que la France fasse du Maroc une seconde Tunisie. En conséquence, il considère les accords franco-anglais et franco-espagnols comme non avenus, et réclame la réunion d'une conférence internationale pour régler toutes les questions relatives au Maroc. Sinon, elle se met derrière le sultan, et lui donne tout son appui pour résister aux prétentions de la France. »

Pour tout esprit attentif, il n'y avait pas, dans l'ensemble de ces griefs, le moindre motif de nature à justifier l'attitude agressive prise par l'Allemagne. La voie la plus simple, pour que l'entente se fît entre les deux gouvernements, consistait en négociations diplomatiques à ouvrir entre Paris et Berlin, pour que les intérêts de l'Allemagne au Maroc fussent garantis par un accord franco-allemand, et tout était dit.

En réalité, nous l'avons déjà indiqué, la question du Maroc n'était qu'un prétexte.

Ce qui avait offusqué l'Allemagne, c'était, ni plus ni moins, le rapprochement franco-anglais, l'*entente cordiale*. Ce fait était, pour l'Allemagne, d'une importance autrement considérable que ses intérêts au Maroc. Il modifiait brusquement la répartition des forces en Europe. D'une part, il mettait fin à l'isolement de l'Angleterre; d'autre part, il assurait à la France un précieux concours, au moment même où celui de la Russie lui faisait défaut.

13.

L'empereur Guillaume II sentait vivement tout le danger que créait pour l'Allemagne cet accord entre une grande puissance maritime et une grande puissance militaire. L'Angleterre, désormais, possédait un moyen de conjurer la rivalité commerciale de l'Allemagne.

C'est au mouvement d'irritation provoqué par la constatation de ces faits, que fut due l'équipée du kaiser à Tanger.

Certes, il se serait bien gardé de faire cette démonstration de mauvaise humeur, si la Russie avait encore tenu son rang parmi les grandes puissances de l'Europe. Mais la Russie était paralysée, et la France ne pouvait plus compter sur son appui.

Cette impuissance momentanée de la Russie a été, non pas la cause déterminante, mais la condition occasionnelle de l'attitude de l'Allemagne.

L'empereur allemand a cru qu'il lui serait possible, par la menace, de détacher la France de l'Angleterre et de la contraindre à un rapprochement avec l'Allemagne.

C'était de l'excellente diplomatie (seulement un peu brutale) si elle avait réussi. Mais le Foreign-Office, pour déjouer cette manœuvre, n'hésita pas un seul instant. Il offrit à la France, en cas de conflit avec l'Allemagne, son concours effectif, armé.

Fort de cette offre, M. Delcassé ne craignit pas de faire ressortir, par l'intermédiaire de la presse, l'isolement de l'Allemagne, et de se déclarer prêt à jeter l'épée de la France dans la balance.

C'en était plus que n'en pouvait supporter l'orgueil allemand.

Guillaume II exigea et obtint la retraite de M. Delcassé.

Le ministre de la guerre avait dû avouer, en conseil des ministres, que la France n'était pas prête, et qu'elle manquait, notamment, de projectiles pour l'artillerie.

Certains, en France, sont d'avis que, malgré cette lacune, on n'aurait pas dû, alors, céder aux injonctions de l'Allemagne, car notre artillerie, même avec un approvisionnement réduit que l'on n'aurait pas tardé à compléter, aurait été supérieure à celle de l'ennemi.

C'est peut-être vrai! Mais il n'est plus temps de récriminer.

Depuis, le grand état-major allemand s'est aperçu, par l'expérience, de l'infériorité de son artillerie de campagne et de son artillerie lourde d'armée, — et c'est ce qui fait que l'attitude de l'Allemagne, d'agressive qu'elle était, est devenue *expectative*, en attendant que les arsenaux de Spandau aient pu remédier aux défauts des canons à tir rapide.

Car, — il importe d'insister sur ce point, — si la cause *apparente* du désaccord franco-allemand, c'est-à-dire la question marocaine, a cessé d'exister par suite de l'acceptation par la France de la réunion d'une conférence internationale, — sa cause *réelle* (l'entente cordiale) et sa cause occasionnelle (l'affaiblissement de la Russie) subsistent toujours.

Il est donc vraisemblable que, — de même que la France a cédé, en juin, pour avoir le temps de parfaire son approvisionnement en projectiles, — l'Allemagne temporise, en ce moment, pour pouvoir apporter à son artillerie les modifications indispensables.

Cela explique son attitude énigmatique à la Conférence d'Algésiras. Elle traine les négociations en longueur, et évite de se prononcer, afin que rien de définitif ne sorte de la conférence, et que la porte reste ouverte à une nouvelle querelle et à un conflit possible, dès qu'elle se sentira prête à la guerre.

Il est certain que la cause *réelle* du conflit persistant et s'aggravant même par suite de l'entente de plus en plus intime qui s'établit entre la France et l'Angleterre, — l'Allemagne veut la guerre et la veut le plus tôt possible.

Elle la veut le plus tôt possible, parce que chaque jour qui s'écoule fortifie la situation de la France, qui ne perd pas une minute pour se préparer activement à l'agression qui la menace; — chaque jour qui s'écoule permet à l'Angleterre de renforcer son armée de terre; — chaque jour qui s'écoule permet à la Russie de panser ses plaies et de redevenir de plus en plus apte à jouer le rôle qui lui appartient dans les affaires de l'Europe.

Pour ces motifs, l'Allemagne déclarera la guerre à la France dès qu'elle se croira prête.

Il y en a d'autres!

L'Allemagne est travaillée par le socialisme, elle est écrasée d'impôts, et comme en 1870, elle a besoin de trouver un dérivatif dans une guerre heureuse qui lui permettrait de restaurer ses finances.

Tel est l'ensemble de raisons qui pourraient agir pour provoquer la guerre.

§ 2. — Raisons qui militent en faveur de la paix.

Nous les avons déjà exposées.

Nul ne peut prévoir quel sera le sort des armes, — même le grand état-major allemand.

La France de 1906 n'est plus la France de 1870. Elle a une armée puissante, un armement aussi parfait, sinon plus, que celui de l'Allemagne, et elle ne peut plus être surprise, car elle se prépare à la guerre depuis trente-cinq ans.

L'armée allemande a-t-elle progressé dans les mêmes proportions? C'est plus que douteux.

En 1870, elle avait des généraux, des officiers et des soldats qui venaient de prendre part aux guerres victorieuses des deux duchés (1864) et d'Autriche (1866).

Aujourd'hui, ses seuls exploits se bornent à l'expédition contre les Boxers (1900) et à la répression malaisée de la révolte des Herreros.

Son armement a donné quelques désillusions et n'est pas complètement terminé.

Les ressources financières de l'Allemagne sont insuffisantes pour lui permettre un effort prolongé.

D'autre part, il n'est pas certain que l'Italie veuille, ou puisse, lui être d'un puissant secours.

Par contre, l'Angleterre pourrait bien profiter de cette occasion unique pour mettre à mal la marine de guerre allemande, la marine marchande allemande et les colonies allemandes.

C'en serait fait du rêve de l'hégémonie économique, militaire et navale allemande.

La chose vaut la peine qu'on y réfléchisse.

Guillaume II y réfléchira certainement, et peut-être pensera-t-il que, tout pesé, les chances d'une guerre continentale heureuse contre la France, ne compenseraient pas les inconvénients d'une guerre maritime malheureuse contre les flottes combinées de la France et de l'Angleterre.

L'empereur allemand professe un profond respect pour la flotte britannique. Témoin cette anecdote :

Pendant la guerre anglo-boer, quelqu'un qui approchait Guillaume II de très près, et qui pouvait se permettre cette indiscrétion, lui demanda pourquoi, après son télégramme d'antan à Krüger (1), il ne faisait rien actuellement pour venir en aide au Transvaal.

— Demandez donc à Dieu, répondit l'empereur, qu'il coule en une nuit la flotte anglaise !

____

(1) « Je vous félicite d'avoir pu, sans le secours de puissances amies, venir à bout d'une inqualifiable agression, etc. » Il s'agissait du raid de Jameson (1895), dont le gouvernement anglais était manifestement complice.

La crainte de la flotte anglaise est le commencement de la sagesse !

Mais la situation intérieure de l'Allemagne, tant au point de vue politique qu'au point de vue économique et financier, permettra-t-elle au kaiser de rester sage ?

§ 3. — Les avantages respectifs de l'Allemagne et de la France en cas de guerre.

Les Allemands, partisans de l'offensive foudroyante, procèderont vraisemblablement par une brusque surprise.

D'autre part, leur mobilisation et leur concentration seront peut-être plus rapides que les nôtres.

Nous ne pouvons obvier à ces deux avantages du début que par une résistance énergique de nos troupes de couverture, de nos forts d'arrêt et de nos places fortes frontières.

Nous avons vu que nous pouvons compter sur cette résistance.

Quoi qu'il arrive, les premiers chocs se produiront entre effectifs sensiblement égaux et aussi bien armés, sinon mieux, du côté français que du côté allemand.

Nous n'avons donc aucune raison pour envisager avec pessimisme le début de la guerre.

Si celle-ci se prolonge, peu à peu les avantages passeront de notre côté, en raison des ressources pécuniaires dont dispose la France et dont l'Allemagne est dépourvue, en raison aussi des interventions sur lesquelles nous avons le droit de compter, tant de la part de la Russie que de la part de l'Angleterre.

L'Allemagne a peut-être plus d'hommes, mais plus elle en mettra en ligne, plus elle aura besoin d'argent pour les entretenir, et c'est justement le nerf de la guerre qui lui manque.

Quelle que soit la façon dont nous retournions les diverses hypothèses qui se présentent à notre esprit, nous aboutissons donc à ces deux conclusions :

La guerre reste toujours menaçante;
La France peut en envisager l'issue avec confiance.

TABLE DES MATIÈRES

7302-06. — Corbeil. Imprimerie Éd. Crété.